LES CHARÆCTERES DES PASSIONS.

VOLVME IV.

Où il est traitté de la Nature & des Effets de

LA DOVLEVR.

Par le Sieur DE LA CHAMBRE, *Conseiller du Roy en ses Conseils, & son premier Medecin Ordinaire.*

A PARIS,

Chez IACQVES D'ALLIN, ruë Saint Iacques, au coin de la ruë de la Parcheminerie, à l'Image S. Estienne.

M. DC. LXII.

Auec Priuilege de sa Majesté.

LES CARACTERES DE LA DOVLEVR.

ADVIS AV LECTEVR.

L E Mot de DOVLEVR qui fait le tiltre de ce Chapitre, est vn terme general qui se prend pour la Tristesse & pour la Douleur sensible. Car non seulement on dit d'vn homme qui est affligé, qu'il a de la Douleur, qu'il faut auoir Douleur de ses pechez, & que l'on sent de la Douleur dans la partie qui a esté blessée; Mais encore puisque la Tristesse & la Douleur corporelle ne sont qu'vne mesme espece de Passion, comme nous monstrerons, elles doiuent auoir vn nom commun qui ne peut estre autre que la Douleur, car celuy de Tristesse ne se dit iamais que de l'esprit. C'est donc en ce sens-là que nous nous en seruons au commencement de ce discours ; quoy que dans la suite nous l'appliquions ordinairement à la Douleur corporelle.

LES CHARACTERES

DE

LA DOVLEVR.

PREMIERE PARTIE.

OVT le monde parle de la Douleur, comme si c'estoit le poison de l'esprit, le tourment du corps & l'horreur de la Nature ; tous les animaux la fuyent ; les hommes en font le souuerain mal ; et les Philosophes mesme ne veulent pas que leur Sage la ressente, comme si ell'estoit l'ennemie de la Raison & de la Felicité.

Mais n'y auroit-il point quelque erreur

A

dans tous ces fentimens? car enfin la Douleur eft vne Paffion; ET il n'y a point de
Paffions qui de foy ne foient vtiles & neceffaires: puifque ce font des mouuemens
que la Nature infpire à l'Animal pour fa
conferuation; ET qu'il n'y a pas d'apparence qu'en ce point elle fe foit trompée, eftant
fi fage comm'ell'eft, ny qu'elle l'ayt voulu
tromper eftant fi bien-faifante.

Affeurement on a pris la caufe de la Douleur pour la Douleur mefme; on a confondu le mal auec le remede, & l'on a attri-
bué les defordres qu'apportent les maux à
la Paffion qui les fuit, & qui tafche d'en affoiblir la violence.

Non, la Douleur n'eft pas le veritable
mal qui nous touche, c'eft l'Infamie, c'eft
la perte d'vn amy, ce font les maladies &
les autres malheurs qui arriuent dans la vie;
ET la Paffion qui furuient à ces accidens,
n'eft autre chofe que la fuite où l'Ame
s'engage pour fe fauuer du peril où ils la
precipitent. Si cela eft ainfi, qui oferoit
dire que la fuite du mal fut vn mal? que
les foins de l'éuiter fuffent contraires à la

vie ? Et qu'vne precaution si necessaire fust
incompatible auec la sagesse?

Mais ie diray bien dauantage : quand la
Douleur seroit vn mal , ce seroit vn mal
vtile & necessaire sans lequel la vie seroit
non seulement exposée , mais tout à fait
abandonnée à la violence des choses qui la
peuuent destruire. Car comme le Plaisir
est vn attrait que la Nature a meslé auec
la jouyssance des biens , afin de solliciter
l'Animal à les rechercher plus ardemment:
ell'a joint aussi la Douleur à la rencontre
des maux , comme vn signal qui le doit
aduertir du danger où il est prest de tomber , & des efforts qu'il doit faire pour s'en
garantir.

En effet si l'approche du feu n'estoit point
douloureuse , il se trouueroit à la fin que
le corps en seroit consumé auant qu'on s'en
fust aduisé : Si les blesseures estoient insen-
sibles , on ne se mettroit pas en peine de les
éuiter , & tres souuent les plus legeres penetreroient iusques aux sources de la vie ,
si la Douleur ne conseilloit de fuyr ou de
se mettre en deffense. Enfin si l'Affliction

ne fuccedoit aux malheurs qui nous arriuent, outre que les plus nobles & les plus
genereufes vertus ne feroient plus d'aucun
yfage; nous ferions priuez de l'inftruction
que les aduerfitez nous donnent, & nous ne
fentirions point cét aiguïllon qu'elles portent auec elles pour picquer & reueïller noftre efprit, & le tirer de l'affoupiffement où
la profperité a de couftume de le ietter.

Mais cette Paffion n'eft pas feulement
vtile aux particuliers, elle l'eft encore à la
focieté ciuile, qui feroit fans elle vne affem-
blée d'Animaux fauuages, ou de qui l'on
pourroit dire plus veritablement qu'on n'a
fait des ftatuës de l'ancienne Rome, que ce
feroit vn peuple de pierre & de marbre.
Car puifque la compaffion éft vne Douleur
qui nous attendrit le cœur & qui nous fait
reffentir les peines & les afflictions d'autruy,
il eft certain que celuy qui n'en eft point
touché n'a pas le cœur humain, qu'il a la
dureté des marbres ou la ferocité des be-
ftes, & qu'il ne merite pas de viure parmy
les hommes. Ouy fans doute, la Compaf-

fion eft vn des plus forts liens qui les joint
& qui les vnit enfemble, elle les engage en
mefmes interefts, elle leur perfuade de fe
fecourir l'vn l'autre, & leur donne en effet
des armes ou des remedes pour chaffer ou
pour adoucir leurs maux. De forte qu'on
peut affeurer qu'elle ne rend pas feulement
la focieté commode & agreable, mais encore que c'eft elle principalement qui l'a
eftablie & qui la conferue.

Si l'on veut mefme confulter la Religion qui fçait le veritable vfage de nos
Paffions, elle nous apprendra que la Douleur eft l'vnique remede qui purifie noftre
Ame, qui la guerit des vices qu'ell'a con-
tractez, & qui la preferue de ceux où elle
peut tomber. Et quoy qu'elle nous pro-
mette la fouueraine Felicité, elle nous mon-
ftre en mefme temps, que le chemin qui
nous y doit conduire eft tout femé d'efpi-
nes & arrosé de larmes ; qu'on n'y peut
entrer qu'auec les peines & les fouffrances ;
et qu'apres auoir furmonté toutes les difficultez qui s'y rencontrent, on trouue enco-

re au bout la crainte & la terreur qui font
inéuitables. De forte que felon fes maximes, auffi bien que celles de la Nature, il
faut croire que fans la Douleur les hommes feroient miferables , & que le plus
grand mal qui leur pouuoit arriuer, c'euft
efté de ne fentir point le mal.

Apres cela, aurions-nous à dire quelque
chofe contre cette Paffion , & pourrions-
nous trouuer des raifons pour fouftenir
l'auerfion que l'on a contre elle, & pour ap-
prouuer les defordres dont on l'accufe ?
Ouy certainement , elle n'a pas plus de
priuilege que toutes les autres , qui bien
qu'elles foient quelquefois vtiles, fót neantmoins dommageables en mille rencontres;
et qui pour eftre infpirées de la Nature,
ne laiffent pas de corrompre fouuent la
Nature.

Car enfin quelque fage que foit cette
fecrete Intelligence qui gouuerne l'Animal
& que nous appellons Nature, elle fe trompe fouuent dans les deffeins qu'elle forme,
& les effets ne refpondent pas toufiours

aux conseils qu'elle prend. Combien de fois irrite-t-elle les maladies en les voulant dompter? Combien de fois les rend-elle indomptables en ne les voulant pas irriter? Il est vray qu'elle inspire la Douleur comme vn moyen par lequel l'Ame doit fuyr ce qui l'offense; mais cette fuite qui semble necessaire, la jette en vn plus grand mal; et pour éuiter celuy qui l'attaque par le dehors, ell'en fait naistre vn autre au dedans qui la remplit de trouble & de confusion, & qui la met dans le mal-heureux estat où elle se trouue. Car en fuyant le mal, ell'en porte l'image & le charactere jusques au fonds de l'Appetit, & comme elle ne peut souffrir sans vne extréme peine qu'vne chose si odieuse la penetre si auant & se confonde auec elle, elle se figure le peril plus grand qu'il n'est, & accroist ainsi le desordre ou ell'est tombée.

Ie veux bien que la Douleur serue de signal pour aduertir du danger où l'on est prest de tomber : mais c'est vn signal qui donne plus d'effroy que de precaution, & lon peut dire que c'est vne sentinelle timi-

de , qui donne souuent l'allarme sans sujet, & qui estonne l'Ame au lieu de l'as-
feurer.

Elle n'est pas à la verité inutile à l'in-
struction des hommes , à la societé ny à
la Religion mesme : mais dans ces rencontres elle garde la moderation qui l'e-
xempte de blasme & qui la met au rang
des vertus. Car il n'y a que lesmedio-
cres afflictions qui nous instruisent & qui
reueillent nostre esprit ; les trop grandes
le troublent & l'accablent. Et la Compassion est vne Douleur si moderée qu'on
n'en peut jamais condamner les excez,
ses atteintes, par maniere de dire, ne font
que superficielles, & si ell'attendrit le cœur,
elle ne le fleftrit pas comme fait la Tristesse. Quant aux peines que la Religion or-
donne, elles font adoucies de tant de consolations, qu'on les peut appeller des douleurs agreables.

Mais comme on ne peut connoiftre le
naturel des animaux farouches, quand ils
font foibles ou qu'ils font appriuoifez , il

ne

ne faut pas aussi juger de la malice de cette Passion par ce qu'elle fait dans la foiblesse où elle se trouue ou dans la retenuë que la Raison luy donne. Il la faut considerer dans la violence & dans les excez qui luy sont ordinaires, & voir les desordres qu'elle apporte à l'Ame & au Corps, & les malheurs qu'elle cause dans la vie commune & priuée.

Dans cette veuë, il est impossible qu'on ne la reconnoisse non seulement pour la plus pernicieuse de toutes les Passions, mais encore pour l'vnique cause qui fait tous les maux de la vie. Car puisque le Mal n'est proprement Mal qu'entant qu'il est sensible, c'est vne necessité que la Douleur fasse tout le mal, puisqu'il n'y a qu'elle qui le fasse sentir. Or si cela est veritable, sans elle nous n'aurions point d'ennemis, puisque nous n'aurions point de maux à craindre ; il ne faudroit plus parler de Haine, de Colere ny de Desespoir, & peut estre que la Trahison & la Cruauté ne seroient presque pas cónuës sans elle. Sans elle enfin la vie se passeroit dans vn calme &

vne tranquillité continuelle ; la courſe n'en
finiroit qu'apres vne longue ſuite d'années
heureuſes & agreables ; et ſans faire naufrage, elle arriueroit preſque touſiours au
port que la Nature luy auroit marqué.
Car il eſt certain qu'il n'y a rien qui ac-
courciſſe tant les jours que la Douleur, elle
eſteint la chaleur naturelle, elle conſume
toutes les forces du corps, & l'on peut dire hardiment que celuy qui la reſſent ne
vit plus, puiſqu'il ne jouyt plus du bien
de la vie.

Mais nous ne voulons pas augmenter
le nombre de ceux qui la blaſment ; les
plaintes que l'on fait contre elle ſont trop
publiques & trop generales : et il ſuffit pour
noſtre deſſein que nous en faſſions la Peinture, où l'on pourra remarquer la plus-part
des biens & des maux qu'elle cauſe.

La Pein-
ture de la
Triſteſſe,
ou deſcri-
ption d'vn
Homme
affligé.

CE Peintre ingenieux, qui voulant repreſenter vn Prince extrememement affligé, luy mit vn voile ſur le viſage, dans le deſeſpoir qu'il eut que ſon pinceau n'en peuſt
exprimer la Douleur, nous montre bien

que le portrait de cette Paſſion n'eſt pas ſi
aiſé à faire qu'on ſe pourroit imaginer :
ɛt que s'il y a tant de peine à tracer ce qui
en tombe ſous le ſens , il faut qu'il y en
ayt bien d'auantage à peindre ce qu'ell'a
de caché. Car ce qui en paroiſt aux yeux
n'eſt que la moindre partie des traits qui
en doiuent compoſer la figure ; ɛt il y a vne
plus grande diuerſité dans les mouuemens
qu'ell'excite en l'Ame, qu'en ceux qu'elle
imprime ſur le corps. Voyons donc ſi la
Plume ſera plus heureuſe que le Pinceau,
& ſi les paroles pourront exprimer non ſeulement l'air & les lineamens du viſage;
ᴍais encore les penſées & les deſſeins que
produit cette Paſſion.

  Pour cela il la faut mettre en ſon jour,
& la peindre en l'eſtat où elle ſe fait remarquer dauantage : ɛt à mon aduis on ne
peut choiſir vne figure qui ſoit plus propre à repreſenter ſa violence que celle d'vn
homme qui vient de perdre la perſonne qui
luy eſtoit la plus chere ; ᴘuiſque de toutes les
afflictions c'eſt celle qui trouble dauantage
l'eſprit & le corps.

B ij

Figurons nous donc vn Pere à qui la Mort vient de rauir vn Fils bien aymé. C'eſt vn coup mortel pour luy qui luy perce le cœur, qui penetre juſques aux plus ſenſibles parties de ſon Ame & qui luy cauſe vn ſaiſiſſement ſi douloureux, qu'à le voir on diroit qu'il va perdre la vie ; il deuient paſle, ſa veuë s'eſblouït, ſes forces l'abandonnent, enfin il tombe en defaillance.

Apres qu'il eſt reuenu à ſoy, ayant les yeux tournez vers le Ciel & l'eſtomach tout pantelant, il s'efforce vainement de parler, & on n'entend ſortir de ſa bouche que des crys pitoyables & de longs gemiſſemens entre-coupez de ſoûpirs & de ſanglots. Les larmes meſme qui ſeruent de ſoulagement aux miſerables, luy manquent en cette rencontre, & il a encore le deſplaiſir de ſe voir les yeux ſecs pour le meſme ſujet qui fait fondre en pleurs tous ceux qui ſont auprez de luy.

Mais pendant que ſa Douleur eſt ainſi contrainte, & qu'elle n'a pas la liberté de ſortir au dehors, elle exerce toute ſa vio-

lence au dedans : Elle luy ferre le cœur &
luy defchire les entrailles, elle met fon ame
à la torture, & fait entrer en fon efprit les
plus fafcheufes pensées qui fe puiffent conceuoir. Car tantoft il fe reprefente ce cher
Fils dans le plus deplorable eftat où il ayt
efté, tous les funeftes accidens qui ont de-
uancé fa mort, les efforts inutiles qu'il a
faits contre le mal, les difcours tendres &
paffionnez qu'il luy a tenus; Et il luy femble encore que le dernier foûpir qu'il a
jetté exprimoit le doux nom de pere & luy
difoit le dernier adieu. Tantoft il penfe à
tout ce qui a peu contribuer à fa perte; il
en accufe l'vn, il en foupçonne l'autre; il
blafme le regime qu'on a obferué, il condamne les remedes que l'on a donnez; il
n'y a rien qui foit exempt de fes reproches:
Mais enfin il fe trouue le plus coupable, &
croit que s'il euft donné les confeils, que
s'il euft fait les chofes qu'il deuoit, ce mal-
heur ne luy fuft point arriué.

Il s'eftonne mefme de ne l'auoir pas pre-
ueu, & il ne fçait comment il n'a point
ouuert les yeux ny l'efprit à tant de fignes

& de preſages qui le luy annonçoient. Car
les ſonges faſcheux qu'il a faits, les ſecre-
tes triſteſſes qu'il a reſſenties, les crys des
oyſeaux funebres qu'il a entendus & cent
autres ſiniſtres rencontres qu'il a euës, en
eſtoient ſans doute les triſtes meſſagers ; ᴇᴛ
il void bien qu'il eſtoit en ſon pouuoir de
le preuenir s'il euſt ſçeu profiter de tous
ces aduertiſſemens.

Le Regret & le Deſpit ſuccedant à ces
penſées, & ſe joignant à ſa premiere douleur , vne certaine Fureur deſeſperée
le ſaiſiſt & le tranſporte hors de luy-meſme ; il ſe tord les bras & les mains , il ſe
frappe les cuiſſes, il deſchire ſes veſtemens,
il s'arrache les cheueux, il ſe bat la teſte
contre les murailles & fait des crys ou pluſtoſt des hurlemens ſi eſtranges qu'ils donnent de la terreur & de la pitié à tous ceux
qui l'entendent.

Cét orage eſtant paſſé il entre en vn profond ſilence, & tenant la veuë fichée contre terre & laiſſant tomber nonchalamment
ſes mains entrelaſſées , il r'appelle en ſon
eſprit toute la vie paſſée de cét aymable

Fils, les dons de nature qu'il auoit, les vertus qui fe formoient en luy & les employs
où il le deftinoit, comme celuy qui deuoit
eftre l'appuy & la confolation de fa vieil-
leffe.

Mais pendant qu'il fe laiffe emporter à
toutes ces vaines imaginations, le fouuenir de cette mort deplorable en vient tout
d'vn coup arrefter le cours : et comme il
void qu'ell'a deftruit en vn moment ce que
la Nature & fes foins auoient à fon aduis
rendu de plus accomply fur la terre, &
qu'elle a moiffonné les plus juftes efperances qui pouuoient eftre conceuës : il l'appelle perfide & cruelle, il s'efcrie contre le
Ciel & l'accufe d'injuftice, & condamne enfin la Prouidence qui gouuerne le deftin des
hommes.

Ces blafphémes ne font pas pourtant
pluftoft fortis de fa bouche qu'il en a le repentir dans le cœur ; et s'excufant fur la
violence de fa paffion, il dit que c'eft elle
qui les a proferez & non pas luy, que dans
les tranfports qu'elle luy caufe, il n'eft pas
maiftre de fes paroles ny de fes pensées,

& qu'il ne faut pas s'eſtonner ſi vn homme qui a fait vne ſi grande perte, perd encore le ſens & la raiſon.

Comme ces conſiderations luy donnent des ſentimens plus raiſonnables, il confeſſe que ſes plaintes ſont en effet injuſtes & inutiles, qu'encore que l'affliction dont Dieu le viſite ſoit fort rude, il l'a neantmoins bien meritée, & que c'eſt vn effet de ſa bonté de luy auoir oſté l'objet qui occupoit toutes ſes affections, & qui l'attachoit trop aux choſes de la terre.

Sur cela il ſe diſpoſe à ſouffrir conſtáment ſon infortune, & demande au Ciel la force & la patience qui luy ſont neceſſaires. Mais ces reſolutions ne ſont pas de longue durée, & ne ſont, s'il faut ainſi dire, que de foibles rayons qui percent pour vn moment la profonde triſteſſe où il eſt abyſmé. Car apres s'eſtre perſuadé que ſa Douleur eſt juſte, & que ce ſeroit offenſer la Nature que d'eſtre inſenſible en cette occaſion, il s'abandonne à toutes ces cruelles penſées qui l'ont deſia tourmenté, & croit qu'en ces rencontres la conſtance eſt vne dureté de cœur, & la patience

tience vne stupidité ; il condamne mesme ceux qui taschent de le consoler comme des personnes qui n'ont aucun sentiment d'humanité, qui ignorent les tendresses d'vn pere, & qui n'ont jamais esprouué ce que couste la perte d'vn fils.

A ce nom de Fils, son ame se trouble, son cœur s'attendrit & les larmes qui iusques alors auoient esté retenuës, commencent à sortir auec liberté ; il les sent couler toutes chaudes sur son visage, & les meslant auec les soûpirs & les sanglots, il s'efforce de parler & de faire connoistre le deplorable estat où il se trouue. Mais ses paroles ne sont que des mots entrecoupez & des cris aigus, qui sortent auec tant d'empressement, qu'ils s'empeschent & s'estouffent l'vn l'autre.

Neantmoins quand ce tumulte vient à s'appaiser & qu'il luy donne la liberté de se faire entendre ; Ayant les bras croisez sur son estomach, la veuë tournee vers le Ciel & la teste vn peu panchée de costé, il commence ses plaintes par vne grande exclamation, & puis d'vn ton lugubre il dit des cho-

C

ſes ſi tendres & ſi pitoyables, qu'il n'y a
point de cœur ſi dur qui n'en ſoit touché.
Apres auoir exageré ſa perte par toutes les
circonſtances qui la peuuent rendre plus
ſenſible, on le void les yeux baignez de
larmes jetter quelques regards languiſſans
vers ceux qui ſont auprez de luy; ᴇt d'vne
voix tremblante & mal aſſeurée, il leur demande s'ils ont jamais veu vn homme plus
affligé qu'il eſt, s'il n'eſt pas le plus malheureux qui ſoit au monde, & s'il n'a pas raiſon de hayr ſa vie qui l'a rendu ſpectateur
d'vn ſi deplorable accident. Puis s'addreſ-
ſant à la Mort comme ſi ell'auoit quelque
ſentiment, il l'appelle pour mettre fin à ſes
ennüys; & ſe plaint de ce qu'ell'eſt ſi lente
pour luy, ayant eſté ſi precipitée pour cet
aymable fils: il luy redemande enfin cette
chere partie de ſon cœur qu'elle luy a ar-
rachee auec tant de violence & contre l'ordre de la Nature.

Voila comme il paſſe les premiers iours
de ſa Douleur en la preſence de ſes amys.
Mais quand il eſt ſeul, & que les tenebres

& le lit l'ont defchargé de ces vifites importunes, toutes les fafcheufes images qui
auoient irrité fa Paffion retournent en fa
penfée; mais c'eft auec vn appareil bien plus
lugubre & plus funefte qu'elles n'auoient
encore fait. Comme elles ne font point
alors affoiblies par les diuers obiets qui par-
tageoient fon efprit, & que la folitude &
l'obfcurité les rendent plus affreufes, elles
luy reprefentent fa perte bien plus grande
qu'il ne l'auoit conceuë, & adiouftent à
tous les reffentimens qu'il en auoit eus, ceux
que l'extreme defefpoir a de couftume d'infpirer. Car il luy prend enuie de terminer
fes iours par quelque violence, il fonge
mefme aux moyens qu'il pourroit employer
pour cét effet, & fi quelque refte de raifon
ne le retenoit, il executeroit fur le champ
vn fi brutal & fi furieux deffein.

Il quitte donc ces deteftables penfées,
mais c'eft pour en former d'autres qui ne
font guiere moins criminelles. Comme fi
la Fureur apres l'auoir efpargné luy demandoit d'autres victimes, elle luy remet en
memoire tous ceux qu'il penfe eftre caufe

de son malheur, & luy persuade d'en tirer
la plus cruelle vangeance qu'il pourra. En
effet il se laisse emporter à tous les mouuemens que la Haine , l'Indignation & la
Colere sont capables d'exciter & dans les
violantes resolutions qu'elles luy font prendre, il s'agite, il se leue en son seant, il parle & s'escrie comme vn homme qui croit
estre aux mains auec ses ennemis & qui tire raison de l'offense qu'il en a receuë.

Apres s'estre ainsi vainement tourmenté
le corps & l'esprit , il se replonge dans sa
premiere tristesse, & passant d'vne extremité à l'autre , il sent couler vn frisson par
tous ses membres, il tombe en vne defaillance generale de forces & de courage, &
il luy semble qu'il a vn poids dans l'estomach qui luy presse le cœur & qui luy oste
la liberté de respirer.

Il tasche bien de s'en descharger par les
grands & les profonds soûpirs qu'il jette,
il sent mesme que les larmes luy donnent
quelque allegement & croit qu'à force de
pleurer, il doit enfin tarir ou diminuer sa
douleur. Mais il ne jouyt pas long temps

de ce foible & trifte plaifir ; car la Crainte
qui fe vient meſler auec fon affliction arreſte tout d'vn coup fes foûpirs & fes larmes,
& luy fait prefque oublier fes maux prefens, pour le tourment er de ceux qui font
à venir & qui peut eftre n'arriueront jamais.
Comme elle luy perfuade qu'vn mal-heur
n'a point accouftumé de venir tout feul,
il s'imagine que celuy qu'il fouffre n'eft que
l'auant-coureur d'vne infinité d'autres qui le
vont accabler. Tantoft il fe figure que fes
ennemis prendront auantage de fa perte,
& que fon âage & fa foibleffe l'expoferont
à leur mefpris & à leur violance, n'ayant
plus perfonne qui le puiffe vanger. Tantoft il croit que la Mort ne fera pas fatis-
faite de la proye qu'ell'a enleuée & qu'elle
fe prepare à luy rauir encore quelques vns
de fes plus chers amys ; que c'eft peut-eftre
à luy qu'elle s'adreffera ; ET quoy qu'il l'ayt
fouuent defirée, comme le port qui le deuoit mettre à couuert de tous les orages
dont il eft battu, il la regarde & la craint
alors comme l'efcuëil où les reftes de fa vie
& de fes efperances vont faire naufrage.

Enfin il n'y a guiere d'infortunes & de ca-
lamitez où vn homme malheureux puiſſe
tomber, qui ne ſe preſentent à ſon eſprit &
qui ne luy donnent quelque terreur.

Pendant que ſon ame eſt agitée de ces
Paſſions, ſon corps ſouffre toute l'inquietude qu'elles ont accouſtumé d'y exciter. Il
ne peut demeurer en meſme place ny
en meſme poſture, il ſe tourne inceſſamment de coſté & d'autre, & il paſſe les nuits
ſans fermer l'œil & ſans auoir aucun repos.
Il eſt vray qu'à la longue le beſoin de la
nature & ſa laſſitude l'aſſoupiſſent ; mais c'eſt
auec tant de peine, qu'on peut dire qu'il
ne peut alors ny veiller ny dormir ; au moment qu'il s'endort il ſe reueille en ſurſaut,
& apres auoir ainſi long temps combatu,
ſi le ſommeil ſe rend enfin maiſtre de ſes
ſens, il fait des ſonges ſi faſcheux qu'ils ne
le trauaillent guiere moins que les penſées
qu'il a durant la veille. Car il ne s'y repreſente ordinairement que des ſpectres, des
morts & des funerailles : il y a touſiours
dans ſes viſions des tenebres, des orages

ou quelqu'autre defordre de la nature; fouuent il luy femble qu'on luy emporte fon
threfor, qu'on luy arrache le cœur ou
qu'on luy a creué les yeux. Et quoy que
tous ces maux foient imaginaires, ils luy
donnent neantmoins la mefme peine que
s'ils eftoient veritables. La joye mefme
qu'il a quelquesfois en fongeant que ce cher
Fils a recouuert la vie luy eft fi cruelle,
qu'elle fe deftruit elle-mefme en le reueil-
lant, & ne fert qu'à rendre fa premiere douleur plus cuifante & plus fenfible.

Apres qu'il a ainfi paffé les nuicts, les
iours qui leur fuccedent ne luy font pas
plus fauorables: Car tous les obiets qu'ils
luy font paroiftre renouuellent les fentimens de fa perte. S'il fe trouue aux lieux
que fon Fils ayt aymez, s'il void quelque
chofe qui ait ferui à fes plaifirs, s'il rencontre quelqu'vn de fes amis, fon cœur tref-
faut, & apres auoir jetté quelques foûpirs
il baiffe la tefte & les yeux pour cacher les
larmes qu'il ne peut retenir.

Mais en quoy il eft le plus à plaindre,

c'eſt qu'en ces occaſions & en cent autres ſemblables il ne ſe plaiſt qu'aux choſes qui accroiſſent ou qui entretiennent ſa triſteſſe. Il fuit tout ce qui le peut ſoulager, il recherche tout ce qui l'afflige : ET l'on peut dire que ſa paſſion ſe nourrit de ſon propre venim, & que luy-meſme ſe ſert dé poiſon pour adoucir ſon mal. Car il ne luy faut parler d'aucun diuertiſſement agreable, ce qui reſiouyt les autres le chagrine, les aſſemblées & les ieux l'importunent, la lumiere meſme & le beau temps luy deſplaiſent, & il trouue que la nuict & les jours ſombres ſont plus conformes à ſon humeur. Il ne veut point d'autre compagnie que celle des perſonnes affligées & mal-heureuſes, tout ſon plaiſir eſt d'entendre leurs infortunes & de leur dire les ſiennes, de meſler ſes pleurs & ſes plaintes aux leurs : Et quelque extreme que ſoit leur ennüy, il croit & taſche touſiours de leur perſuader que le ſien eſt le plus grand & le plus difficile à ſupporter.

Hors cét entretien, il éuite tous les autres & fuit à ce deſſein les lieux qui le peuuent

nent engager à faire ou receuoir des viſi-
tes : S'il eſt à la ville ſon appartement eſt le
plus reculé & le plus obſcur ; s'il eſt à la
campagne on ne le trouue qu'au profond
des foreſts ou dans les endroits les plus ſau-
uages & les plus eſcartez.

C'eſt là où il s'abandonne entierement
à ſa douleur, & où ne trouuant rien qui le
deſtourne des funeſtes pensées qu'elle inſpire, il ſe laiſſe aller à tous les excez dont
elle eſt capable. Elle luy fait enfin oublier
le boire & le manger, & ne ſe nourriſ-
ſant, s'il faut ainſi dire, que de l'amertume
dont ſon cœur eſt remply, & des larmes
qui coulent inceſſamment de ſes yeux, il
ſe fait vn ſi grand changement en ſa perſonne qu'il en deuient meſconnoiſſable.
Car tantoſt ſon eſprit paroiſt égaré, tantoſt
il ſemble qu'il eſt deuenu ſtupide, il ne
reſpond rien à ce qu'on luy dit, ou s'il y
répond c'eſt à contre ſens ou à contre temps:
et il eſt dans vne inſenſibilité ſi eſtrange,
qu'il ne ſe ſoucie plus ny d'amys ny d'en-
nemys, de ſes affaires propres ny de celles
d'autruy. De ciuil & affable qu'il eſtoit,

D

il s'eſt rendu auſtere & farouche ; les moindres choſes le deſpitent & le mettent en
colere ; cette humeur actiue & officieuſe
qu'il auoit auparauant, s'eſt changée en vne
nonchalance & vne pareſſe ſi eſpouuanta-
ble, qu'il eſt impoſſible de l'obliger à faire
vn pas pour qui que ce ſoit, & il eſt à croire que s'il voyoit ſa maiſon tomber , il ne
ſe remuëroit pas pour en éuiter les ruïnes.

Cependant ſon corps ne ſouffre pas vne
moindre alteration, ſon viſage deuient paſle & deffait, ſon front ſe couure de rides,
ſes ſourcils ſont abbatus, ſes yeux s'enfoncent & ſe terniſſent & ſon poil blanchit
auant le temps. Il a preſque touſiours la
teſte & la veuë baiſſée, & quand il regarde quelqu'vn on diroit qu'il a de la peine
à mouuoir les yeux & qu'il n'a pas la force d'affermir ſes regards. Ses paupieres ſont
rouges, ſes levres ſont paſles, & les extremitez de ſa bouche ſe reſerrent comme s'il
vouloit pleurer. Quand il marche il eſt
tout courbé, ſes pas ſont lents & ſon alleu-
re eſt languiſſante ; mais pour l'ordinaire il

ayme d'eſtre couché ou aſſis, & rarement
le voit-on en cét eſtat qu'il n'ayt la teſte
appuyée ſur vne de ſes mains, reſuant profondement & regardant la terre.

A meſure que ſa Triſteſſe prend de plus
longues racines, elle fait auſſi plus d'impreſſion ſur luy & le minant peu à peu, elle
diſſipe toutes ſes forces & deſtruit entierement ſa ſanté. Ses flancs deuiennent durs
& tendus, ſa reſpiration eſt empeſchée, ſon
pouls eſt lent, dur & petit, & ſon cœur
ſouffre à tous momens quelque agitation
extraordinaire. De fois à autre il luy prend
des terreurs ſi eſtranges, qu'il n'y a rien qui
le puiſſe r'aſſeurer, il ſoûpire & gemit inceſſamment, & refuſe toute ſorte de nourriture & de remedes. En ſuite vne fievre
lente s'allume dans ſes veines qui acheue
de le conſumer, & qui le rend ſemblable
à vn ſquelete qui pour toutes marques de
vie n'a plus qu'vn reſte de voix caſſe & foible qu'à peine ſçauroit-on entendre. Enfin
apres auoir long temps languy de cette ſorte, le moment fatal qui doit terminer ſes
jours & ſes ennüys eſtant preſt d'arriuer,

il en fent les approches auec quelque forte
de plaifir, & tefmoigne que la mort luy eft
douce qui le va rejoindre à la plus chere
partie de fon ame. En effet la clarté de fes
yeux eft defia efteinte, & fes leures font
toutes mortes qu'il y fait paroiftre encore
quelqu'ombre d'vn leger fouris, & l'on diroit que la Ioye & la Douleur s'y font con-
fonduës. Mais cela ne dure pas long temps,
les derniers fyncopes qui le furprennent
couurent fon vifage des horreurs de la mort,
& étouffent en fa bouche le nom de ce cher
Fils qu'il commençoit à prononcer ; il n'en
profere que la moitié, le refte meurt auec
luy, & laiffe à douter fi le dernier foûpir
qu'il jette en ce moment eft vn eflans d'A-
mour ou vn effort de la Douleur.

Ce font là les effets que la Trifteffe produit dans vne perfonne extremement affligée : et quoy que les fentimens que l'on a
pour la mort d'vn Fils ne foient pas femblables à ceux que l'on a pour celle d'vn
amy, moins encore pour la perte de l'honneur ou des biens ; neantmoins les princi-

paux mouuemens de l’Ame & les plus con-
fiderables alterations du Corps fe trouuent
également en toute forte d’affliction, & s’il
y a quelque difference, elle n’eft qu’au plus
& au moins, les vns eftant plus violens
ou plus longs que les autres.

Car vn homme qui tombe dans la dif-
grace du Prince ou qui fe trouue ruyné
par vn incendie ou par vn naufrage, ne penfe non plus qu’vn Pere qui a perdu fon Fils,
qu’au mal-heur qui luy eft arriué & aux
fuites dangereufes qu’il peut auoir ; il
fe defefpere comme luy, il pefte & blaf-
phéme contre le Ciel & contre ceux qui
en font la caufe : il refufe toutes les confolations qu’on luy donne, il fuit les compagnies & les diuertiffemens ; et apres s’eftre
long temps tourmenté l’efprit par toutes
les plus fafcheufes pensées que fa paffion
luy peut infpirer, il deuient ftupide ou extrauagant, & fon corps fouffre en fuite
tous les changemens que nous auons marquez cy-deuant. De forte que nous pouuons dire, que dans le Portrait que nous
venons de faire, nous auons reprefenté tou-

tes les grandes afflictions de l'Ame ; ᴇᴛ que pour faire la peinture des petites, il ne faut qu'en effacer les plus gros traits & en adou-cir quelques autres. C'eſt à dire qu'elles n'ont pas ces tranſports ny ces excez qui ſe rencontrent aux grandes, & que les chan-gemens qui s'y font ſont plus foibles & de moindre durée.

Si l'on ſçauoit meſme que nous deuons monſtrer que la Triſteſſe & la Douleur corporelle ne font qu'vne meſme eſpece de Paſſion , on ne croiroit pas que celle-cy nous deuſt obliger à luy faire vn Portrait particulier , ny qu'elle nous demandaſt d'autres Characteres ny d'autres traits que ceux que nous venons de tracer pour la Triſteſſe ; ᴘuiſque de meſmes choſes doi-uent eſtre tout à fait ſemblables. Et il eſt certain que ſi la Douleur agiſſoit ſeulement ſelon le mouuement de l'Appetit où elle reſide , comme fait la Triſteſſe , elle pro-duiroit les meſmes effets que celle-cy. Mais parce qu'ell'appelle à ſon ſecours la fa-culté naturelle qui agite l'Ame & le Corps d'vn mouuement contraire à celuy qui luy

eſt propre; on ne doit pas s'eſtonner ſi elle
forme de differens Charaĉteres, & s'il nous
les faut dépeindre auec d'autres couleurs &
d'autres figures. Mais le portrait s'en fera
en petit, afin de ne laſſer pas l'eſprit ny les
yeux du Leĉteur.

Q VAND donc vn homme ſe ſent attaqué
d'vne Douleur violente, il jette d'abord
vn haut cry qu'il fait ſortir du fond de ſon
eſtomach auec vn ſouffle & vne aſpiration
vehemente; ET apres quelques ſanglots qui
coupent ſa reſpiration, il recommence à
crier auec des eſclats de voix plus longs &
plus aigus qu'auparauant, & continuë ainſi
juſques à ce qu'il ayt perdu la force & l'haleine.

Cependant il porte les yeux & les mains
ſur la partie où il ſent le mal, il la taſte, il
la preſſe; ET ſi elle luy laiſſe la liberté de ſe
mouuoir, il ſe courbe & ſe plie en cent façons, il ſe tourne d'vn coſté & d'autre, il
s'aſſied & ſe releue en meſme temps, il va,
il vient, il court & ne peut demeurer en
vne meſme place.

A mesure que sa Douleur s'irrite, &
qu'ell'a des eslancemens qui la rendent plus
picquante, il fait connoistre le sentiment
qu'il en a par des cris plus forts& plus courts,
qu'il redouble souuent auec tant de prom-
ptitude, qu'ils semblent rouler l'vn sur l'autre, & que ce soient des abois ou des hurlemens plustost que des crys humains.

Alors on void son visage qui rougit &
se renfrongne, ses bras qui se roidissent, ses
mains qui tremblent : il grince les dents,
il ferme les poings & serre les coudes contre les costez : tantost sa respiration est
prompte & frequente, tantost ell'est lente
& longue, qu'il change parfois en vn souffle vehement ou en vne grande aspiration,
& qu'il coupe parfois auec des soûpirs lugubres, des sanglots ou des fremissemens;
mais tres-souuent il retient son haleine &
la laisse apres eschapper auec vn gemisse-
ment forcé.

En cét estat ses yeux paroissent tantost
hagars & égarez, tantost tristes & languissans? souuent il les tourne vers le Ciel ou
les jette pitoyablement sur ceux qui sont
à l'entuor

à l'entour de luy. Quelquesfois ils rougissent & respandent des larmes qui sont plus ou moins abondantes selon le sexe & l'aage qu'il a: Car les femmes & les enfans pleurent beaucoup, les hommes fort peu & tres-rarement,

Mais ce ne sont pas là les plus grands desordres que la Douleur luy cause, ell'est quelquesfois si violante, qu'il ne la peut supporter sans tomber en defaillance ou en syncope: souuent elle le jette en vn tel Desespoir, qu'il souhaite la mort, qu'il la demande à ses amys & qu'il tasche mesme de se la donner.

Cependant la fievre s'allume dans ses veines, son pouls deuient grand, vehement, prompt & dur, la partie malade s'enfle, deuient rouge & s'enflamme, elle se rend tellement sensible, qu'on n'y sçauroit si peu toucher qu'on ne souffre vn mal extréme. Et ce qui est admirable, ell'est en plus mauuais estat quand elle n'a point ces accidens-là; souuent ell'est plus douloureuse où elle n'est point blessée; et il arriue quelquesfois qu'elle fait douleur lors qu'elle n'est plus:

Car ceux à qui on a couppé les bras ou les jambes se plaignent du mal qu'ils sentent au bout des doigts qu'ils ont perdus.

Mais sans parler des effets extraordinaires de cette passion, elle ne manque jamais d'attirer le sang, les esprits & les mauuaises humeurs sur la partie blessée, ell'y fait naistre quelquesfois la conuulsion, & si elle dure long temps elle l'amaigrit & luy oste à la fin le mouuement.

Dans les premiers efforts de cette passion, on ne parle point; ou bien on ne forme que de courtes exclamations, par lesquelles on appelle tantost Dieu à son ayde, tantost on peste contre le mal & contre ceux qui en font la cause. Mais quand la violence en est vn peu appaisée, alors on se plaint auec plus de liberté, on prend mesme plaisir à raconter son mal, & d'vne voix foible & languissante qui est entrecouppée de soûpirs & de gemissemens, on repete à toute heure la peine que l'on a soufferte.

C'est neantmoins vne chose estrange, que dans le recit que l'on en fait, quoy qu'il

n'y ayt rien de ſi ſenſible que la Douleur,
on ne la repreſente ordinairement que par
des expreſſions obliques & figurées & qui
ſentent l'hyperbole : car tantoſt on dit qu'on
ſe ſent deſchirer les entrailles , que l'on a
les os briſez & les membres rompus ; tantoſt qu'on eſt percé d'aleſnes & d'eguilles ;
qu'il ſemble que l'on ayt vn cloud fiché
dans les parties ; qu'on a receu comme vn
coup de poignard ou de barre ; que l'on eſt
ſur la rouë & à la geſne & mille autres
ſemblables qui marquent les eſpeces & les
effets de la Douleur. Il n'y en a meſme
gueres de violantes qui ne faſſent dire que
l'on eſt mort ; on ſe meurt dans la plus-part
des plus legeres. Enfin pour exprimer les
maux que l'on ſent , il faut que l'eſprit s'en
imagine d'autres qui ſont ordinairemét plus
grands & plus faſcheux que les veritables,
& que l'on ſe trompe ainſi quand on enpar-
le & que l'on trópe ceux à qui l'on en parle.

　Mais quelque erreur qu'il y ayt dans les
paroles, il eſt tres-veritable qu'il n'y a point
de plus grand mal qui puiſſe arriuer dans
la vie que celuy-là ; non ſeulement parce

qu'il oste le sentiment de tous les biens &
qu'il en rend mesme la jouyssance fascheuse & importune ; mais encore parce qu'il
abbat & dissipe les forces en peu de temps,
qu'il abbrege les jours & qu'il rend la vie
chagrine & ennüyeuse. Car il n'y a rien
qui puisse plaire à vn homme qui sent de
la Douleur, il perd l'appetit & le sommeil,
il ne veut voir personne, & quoy qu'il n'y
ayt qu'vne petite partie qui souffre, le mal
se communique à l'Ame toute entiere, l'entendement mesme tout spirituel qu'il est,
compâtit à la peine du Corps, & tombe
dans la Tristesse qui joint ses effets à ceux
de la Douleur.

Nous n'en voulons pas dire dauantage :
aussi bien n'est-il pas possible de represen-
ter toutes les diuerses faces que prend cette Passion, ny les diuers sentimens qu'elle
donne. Car le mot de Douleur tout simple qu'il est, contient mille sortes de maux,
& outre les especes generales que l'on en
a marquées assez grossierement, il y en a
cent autres qui n'ont point de nom ou que

l'on ne connoiſt que pendant qu'on les ſent.
Selon la nature des parties qui ſont attaquées, & des cauſes qni les bleſſent, ſelon
la diſpoſition du Corps & de l'Ame de celuy qui ſouffre, les Douleurs ſont differentes : qui pourroit donc en vne ſi grande va-
rieté de choſes qui ſont preſque innom-
brables, deſigner les diuers ſentimens qu'elles donnent ? On dit bien qu'il y a des Douleurs *aigues*, *picquantes*, *tranchantes* & *cui-*
ſantes, qu'il y en a *de tenſiues*, *de peſantes*,
de ſourdes & *d'endormies*, on y a meſme
adjouſté *la Demangeaiſon*, *le Chatouillement*,
l'Agacement & *la Laßitude.* Mais outre
qu'vne ſeule de ces eſpeces ſe diuerſifie en
cent façons & que la Douleur aiguë par
exemple reçoit preſque autant de varietez
qu'il y a de parties differentes qui la ſouffrent, autant qu'il y a de diuerſes cauſes
qui la font naiſtre, enfin autant qu'il y a
de manieres dont elles agiſſent : Outre que
toutes ces expreſſions ſont tirées des choſes qui ſont eſtrangeres à la Douleur, &
qu'il n'y en a pas vne qui marque le mouuement où conſiſte l'eſſence de cette Paſſion:

elles ne contiennent que des notions les plus communes & les plus generales, & ne defcendent point aux particulieres qui font infinies. De forte que noftre trauail feroit infiny comme elles, fi nous voulions faire la peinture de chacune en particulier : et puifque la Nature, pour ne pas affliger l'efprit de l'homme, n'a pas permis qu'il en euft d'autres connoiffances que les generales, contentons-nous du Portrait que nous auons fait fur ce modelle, & cherchons auffi dans cette veuë la nature & les effets de cette Paffion.

DE LA NATVRE
de la Douleur.

II. PARTIE.

DANs le deſſein que nons auons de parler de la Nature de la Douleur nous pourrions nous ſeruir de la meſme pensée qu'a euë autresfois vn des plus ſçauans hommes de l'antiquité, quand il a dit qu'il connoiſſoit bien le temps ſi on ne luy demandoit point ce que c'eſtoit, mais qu'il ne le connoiſſoit plus, quand on le vouloit obliger d'en dire ſon ſentiment. Car comme il n'y a rien de ſi ſenſible que la Douleur, ny rien dont on ayt fait de plus grandes & de plus frequentes eſpreuues, nous pouuons aſſeurer comme luy, qu'il n'y a rien de ſi connu quand on ne demande point ce que c'eſt, ny rien auſſi qui ſoit ſi inconnu quand il en faut expliquer la Nature. Ces grands hommes du temps paſſé qui ont ouuert la porte à

toutes les sciences, & qui ont montré le
chemin pour arriuer à la connoissance des
choses les plus cachées, ne nous ont rien
laissé qui nous puisse ayder à descouurir
celle-cy; Et quoy que l'on nous fasse à croire que nous sommes des pygmées au col
de ces geants qui voyons tout ce qu'ils ont
veu & quelque chose au dela, on peut
neantmoins dire que ny eux ny nous n'a-
uons presque rien veu dans cette matiere,
& qu'au lieu d'adjouster quelque chose à
la connoissance de cette Passion, nous n'a-
uons tous fait qu'en accroistre le sentiment
par la peine d'vne recherche inutile, & par
le desespoir d'en venir jamais à bout.

En effet quel moyen de la connoistre
dans la confusion de tant d'opinions differé-
tes que l'on en a euës? quel moyen de prendre party dans la contestation où tant de si
grands personnages se font engagez? Ils ne
sont pas mesme d'accord du genre qu'il luy
faut donner; Les vns veulent que ce soit
vne Passion de l'Ame: D'autres disent que
ce n'en est pas vne, mais vn principe des
Passions. La plus-part ne la reconnoissent
que

que dans la partie senfitiue: Et de ceux-là
les vns tiennent que c'eft vn mouuement
de l'Appetit; Les autres que c'eft vn fentiment. De ceux-cy encore il y en a qui difent que c'eft vne action parfaite du fens;
d'autres que c'en eft vne deprauation. Il y en
a mefme qui ne la reconnoiffent que dans
le fens du Toucher, & ne veulent pas que
les autres en foient fufceptibles. Enfin il
s'en trouue qui la mettent au rang des objets, & qui affeurent que ce n'eft ny action
ny paffion du fens, mais vne qualité fenfible qui l'altere, & qui fait dire veritablement que l'on fent de la Douleur en quelque lieu qu'elle foit.

Ce font-là les diuers partis que les Phi-
lofophes & les Medecins ont pris touchant
le genre de la Douleur. Mais quand il en
faut venir à la difference, & qu'il faut
marquer comment & pourquoy ce grand
trouble & cette fafcheufe alteration fe forme dans l'Ame, ils ne trouuent plus de
pensées ny de paroles qui ne foient vagues
& confufes, & qui ne laiffent la chofe auffi
obfcure qu'elle eftoit auparauant.

F

Car de dire, comme a fait Galien, que la Douleur est *vn triste & fascheux senti-ment*, n'est-ce pas autant que s'il disoit que c'est vn sentiment douloureux : Ou comme quelques autres, que c'est *vne violente Passion de l'Ame accuëillie de quelque sensible desplaisir & affligée de quelque sorte de mal*; ou *qui naist du des-plaisirs qn'elle reçoit des maux qui sont con-traires à ses inclinations*; ou bien que *c'est vn tourment de l'Esprit & du Corps* : tous ces termes de Desplaisir, d'Affliction & de Tourment signifient-ils autre chose que la Douleur, & n'est ce pas definir la Douleur par la Douleur, mettre l'espece pour la dif-ference & expliquer vne chose obscure par vne autre qui ne l'est pas moins? Mais quand on la definit par *le mouuement que l'Ap-petit concupiscible souffre à la presence du mal* ou *par la repugnance que l'Ame res-sent à la presence des choses qui ne luy sont pas conuenables*, ce sont des notions trop generales, qui ne descendent pas jusques à la difference ny à la nature particuliere de la Douleur; non plus que celles qui font entrer dans sa definition *l'intemperie & la solution de continuité*, *ou le mouuement des esprits* & quelqu'autre alteration du corps que ce soit; parce que celles-là sont des causes, & celles-cy des effets de la Douleur, & qu'il est constant que les causes ny les effets n'entrent point dans l'essence des choses.

C'est ce que l'on peut dire en gros contre toutes ces opinions differentes : Car de vouloir examiner en détail & destruire les raisons que l'on a euës pour les soustenir, ce seroit vn trauail inutile, puisqu'il ne faut que monstrer le droit chemin pour connoistre celuy qui fait esgarer, & que la mesme lumiere qui découure la verité, découure encore la faulseté & l'erreur qui la combattent.

Voyons donc si apres tant de vaines recherches que l'on a faites jusques icy nous ferons plus heureux que tous ces grands hommes qui s'y sont occupez, si nous pourrons faire quelque nouuelle découuerte dans ces terres inconnuës, & trouuer cette source que l'on a tant cherchée où tous les maux que l'on reſſent prennent leur origine.

A Ce deſſein il faut preſuppoſer que la Douleur du Corps & la Triſteſſe de l'Ame ont quelque choſe de commun, & que pour ce ſubjet elles ſe preſtent leur nom l'vne à l'autre, & produiſent des effets tous ſemblables. Car on appelle la Triſteſſe vne *Douleur d'eſprit*, & la Douleur vn *Sentiment triſte* : ᴇᴛ en l'vne & en l'autre l'Ame ſe trouue inquiete & abatuë, le Cœur ſe reſerre; ᴇᴛ ce qui eſt le plus conſiderable, elles cauſent également les pleurs & les plaintes, qui ſont des marques par leſqueles l'Ame veut faire connoiſtre l'eſtat où elle eſt, comme nous monſtrerons au Chapitre ſuiuant.

D'où il faut tirer cette conſequence neceſſaire, que puiſque ces effets ſont ſemblables, ils doiuent auoir vne meſme cauſe, & puiſque ces marques ſont pareilles, il faut que l'eſtat qu'elles doiuent repreſenter ſoit auſſi pareil. Or cette cauſe & cét eſtat où l'Ame ſe trouue alors, ne peuuent eſtre autres que la conſtitution faſcheuſe, le trou-

ble & la peine interieure que la presence
du mal spirituel ou sensible luy donne.

Il faut donc voir comment cét estat fascheux & penible se forme dans la Tristesse;
car puisqu'il est commun à elle & à la Douleur de la mesme sorte qu'il se fera en
celle-là, il se fera aussi en celle-cy.

Comme la Tristesse se forme dans l'esprit, & que dans l'esprit il n'y a que deux
parties, à sçauoir la connoissante qui est
l'Entendement, & l'appetitiue qui est la
Volonté, c'est vne necessité que cette constitution fascheuse qui entre dans la Tristesse & qui est commune à la Douleur, se
forme en l'vne ou en l'autre, ou en toutes
les deux ensemble. Ce n'est pas dans la
seule partie connoissante, parce qu'il s'ensuiuroit que la connoissance du mal seroit
tousiours fascheuse & causeroit tousiours
de la Tristesse, quoy que l'on connoisse souuent des maux & que l'on medite attenti-
uement sur eux sans qu'ils apportent aucun trouble ny aucune peine à l'esprit. Il
faut donc que la Tristesse & cét estat fas-

cheux & importun que l'Ame reſſent ſe forme dans la partie appetitiue, & par conſequent que ce ſoit vne action & vn mouuement de la volonté. Mais parce que la
volonté eſt vne puiſſance aueugle qui n'a
aucune connoiſſance, & qu'il eſt neceſſaire
que l'Ame connoiſſe l'eſtat où elle'eſt pour
en eſtre touchée ; il faut que ce mouuement de la volonté luy ſoit connu pour
former vne Triſteſſe complete & entiere
& pouuoir dire qu'elle la reſſent. De ſorte
que la connoiſſance du mal precede, le mouuement de la volonté ſuit apres , & puis ce
mouuement vient à la connoiſſance de l'Entendement. Mais à conſiderer exactement
toutes ces trois actions, c'eſt principalement
en celle de la volonté que conſiſte la forme & l'eſſence de la Triſteſſe; ᴇt cette derniere connoiſſance qui la repreſente à l'Entendement ſe fait apres qu'ell'eſt formée.

En effet puiſque l'on dit & qu'il eſt vray
que l'on reſſent la Triſteſſe , il faut qu'elle
ſoit auant qu'on la reſſente : ᴇt quand on ne
la reſſentiroit pas , elle ne laiſſeroit pas d'e-
ſtre veritablement dans l'Ame , comme il

arriue quand l'efprit eft diftrait ailleurs, &
qu'il ne penfe pas au profond chagrin qui
le deuore fecrétement. Cette connoiffance
eft donc en quelque façon eftrangere à la
Trifteffe & ne fert tout au plus que d'vne
condition pour la rendre plus forte & plus
grande , comme nous monftrerons cy-
apres.

S'il eft donc veritable & conftant que
l'eftat fafcheux & penible où l'Ame fe trouue dans la Trifteffe n'eft pas vne action de
la partie connoiffante de l'efprit , mais vn
mouuement de fa partie appetitiue ; il faut
puifque le mefme eftat fe trouue auffi dans
la Douleur qu'il ne procede pas de la faculté connoiffante qui eft dans l'Ame fenfitiue, & par confequent que ce ne foit pas
vne action du fens, lequel fait la portion
connoiffante de cette forte d'Ame ; mais
que ce foit vn mouuement de l'Appetit
fenfitif, & par confequent que ce foit vne
Paffion, puifque tout mouuement de l'Appetit eft Paffion, comme nous auons dit.

Cét eftat fafcheux eftant donc vne Paffion & vn mouuement de l'Appetit, il faut

que la Tristesse & la Douleur le soient
aussi. Car comme il ne se peut iamais separer d'elles & que lors qu'il n'est plus, il
n'y a plus aussi de Douleur ny de Tristesse, c'est vne necessité qu'il entre dans leur
essence & par consequent qu'il en fasse partie ou le tout. S'il en est seulement vne partie, la Tristesse sera quelque chose de com-
posé, & il faudra qu'elle soit faite de cette
Passion-là & de quelqu'autre Passion : car
les parties d'vn tout doiuent estre de mesme
genre, & rien ne peut entrer dans les differences du mouuement que le mouuement.
Cependant on ne sçauroit conceuoir qu'vne
seule Passion dans la Douleur & dans la Tristesse, & tous ceux qui en ont parlé les ont
mises au rang des Passions simples. Il s'ensuit donc que l'estat fascheux dont est question comprend toute leur nature & leur
essence, & que la difference qui s'y trouue
ne procede que du sujet & de la qualité
de l'objet qui les excite, qui sont des choses
estrangeres à l'essence des mouuemens. En
effet que se peut-on figurer par les mots
de Tristesse & de Douleur ? que peut-on
signifier

signifier quand on dit que l'on souffre l'vne
ou l'autre, sinon vne peine, vn tourment,
vn trouble fascheux que l'on ressent en soy?
Et tout cela n'est-ce pas l'estat & la constitution dont nous parlons. Et apres que l'on a
conceu cét estat, se peut-on imaginer quelqu'autre chose qui puisse entrer dans la nature de ces Passions, si ce n'est que l'vne se
forme dans la volonté & a pour objet vn
mal spirituel, & que l'autre s'esleue dans
l'Ame sensitiue à la presence d'vn mal sensible & corporel. Or le sujet & l'objet sont
exterieurs aux actions & ne peuuent entrer
dans leur essence, & par consequent toute
la nature de la Tristesse & de la Douleur est
renfermée dans cét estat fascheux & penible où l'Ame se trouue alors : Et puisque
c'est vn mouuement de l'Appetit, il faut
que ce soient des Passions.

Cela èstant ainsi toutes ces opinions qui
ont mis la Douleur dans l'action des sens
ne se peuuent plus soustenir, puisque la sensation est vne connoissance, & que le trouble & la peine que l'Ame souffre se fait dans
l'Appetit. Il est vray que le sens connoist

G

l'objet qui doit excirer la Douleur; mais incontinant apres l'Appetit ſe donne le mouuement qui eſt proportionné à cette connoiſſance, & en ſuite ce meſme mouuement
eſt reconnu par les ſens interieurs, qui font
dire alors veritablement que l'on reſſent la
Douleur & que l'on en eſt touché. Car ce
n'eſt pas le ſens exterieur qui donne cette
connoiſſance; et la Douleur n'eſt pas vn objet ſenſible à ſon eſgard comme quelques-
yns ont penſé.

Pour donner jour à toutes ces veritez,
puiſqu'il y a trois actions qui concourent
à la naiſſance de ces deux Paſſions, à ſçauoir la connoiſſance de l'objet, le mouue-
ctent de l'appetit qui la ſuit & le reſſentimét
que l'Ame en a. Il faut maintenant expliquer comment ces trois actions ſe font: car
apres cela la nature de la Triſteſſe & de la
Douleur paroiſtra à découuert, toutes les
difficultez qui l'ont obſcurcie ſe diſſiperont
& l'on verra clairement en quoy ont erré
toutes les opinions que l'on en a euës.

QVANT à la premiere, il faut presupposer que c’est le mal qui luy sert d’objet,
& de plus que c’est vn mal fascheux, c’est à
dire qu’il altere & corrompt la constitution
naturelle de l’Ame & du Corps. Car comme ce qui cause la Douleur corporelle corrompt la constitution des parties , soit en
corrompant leur vnité, soit en leur impri-
mant quelque qualité qui destruit leur temperament. Il faut aussi que ce qui cause la
Tristesse altere la constitution naturelle de
l’Ame & change l’estat qui luy est conuena-
ble & que l’on peut dire estre l’estat de sa
santé presente. Or cét estat consiste dans
les Inclinations que la Nature ou la Coustu-
me luy ont données pour acquerir & conseruer les biens qui luy sont propres. Car
tout de mesme que la constitution naturelle
des parties est la disposition qui les rend capables d’agir conformement à leur nature,
ces Inclinations sont aussi les dispositions
qui sont necessaires à l’Ame pour faire les
actions qui sont côformes à sa nature ; ET par
consequent on peut dire qu’en cela consiste
sa constitution naturelle, & que tout ce qui

l'altere & la bleſſe luy cauſe de la Triſteſſe.
En effet côme ell'a inclination naturelle à la
liberté, à la gloire, à la puiſſance, à la felicité; tout ce qui la contraint comme la force & la violence , tout ce qui bleſſe ſon
honnneur comme le mépris & les iniures ;
tout ce qui diminue ſon pouuoir comme la
la perte des biens & des amis; tout ce qui
trouble ſon plaiſir & ſon repos, comme la
peine, les maladies & les paſſions violantes,
luy donne du chagrin; en vn mot, tout ce
qui choque ſes Inclinations , ſoit qu'elles
viennent de la Nature ou dé la Couſtume,
luy eſt vn mal faſcheux qui altere ſa conſtitution naturelle.

Quelle eſt la cauſe de la Dou-leur. Il en faut dire autant de celle du Corps,
Car bien qu'il y ayt conteſtation entre les
Medecins pour ſçauoir ſi c'eſt l'intemperie,
ou la ſolution de continuité, ou toutes les
deux enſemble qui cauſent la Douleur. Il
eſt neantmoins conſtant que l'vne ny l'autre
n'a ce pouuoir là que parce qu'elle altere la
conſtitution naturelle des parties: D'où il
faut tirer cette conſequence , que tout ce
qui entre dans cette conſtitution eſt vn ſu-

iet capable de cette alteration, & qu'auſſi
tout ce qui le corrompt peut cauſer la Douleur. Or il eſt certain que le temperament
& l'vnité des parties entrent également
dans la conſtitution de l'organe du toucher,
& partant l'intemperie & la diuiſion qui leur
ſont contraires, ſont également capables
d'y cauſer la Douleur.

Mais parce qu'il y a d'autres diſpoſitions
qui font la conſtitution naturelle des organes des autres ſens, il faut auſſi qu'il y ayt
d'autres cauſes de la Douleur que la ſolution de continuité & l'intemperie. Ouy
ſans doute tous les autres ſens ont leur Douleur particuliere qui ne vient ny de l'vne ny
de l'autre : il y a de certains ſons aigus qui
bleſſent l'oreille ; il y a des odeurs & des ſa-
ueurs qui ſont inſupportables, & l'on ne
ſçauroit douter que les objets qui ſont trop
forts comme vne grande lumiere & vn ſon
violant ne donnent de la peine aux ſens :
Enfin puiſque l'aſſemblage de certaines couleurs choquent la veuë, & que les faux ac-
cords ſont desagreables à l'ouyë, il faut
qu'ils cauſent quelque Douleur, & qu'ils

alterent par confequent leur conftitution naturelle.

Or cette conftitution confifte principa-lement dans la proportion que les fens doi-uent auoir auec les obiets ; ET ce qui deftruit cette proportion, les offenfe. C'eft pour-quoy les obiets trop forts ou qui ont quel-que qualité difproportionnée au fens com-me les fons rudes & aigres, les odeurs puan-tes & les faueurs desagreables ; ceux enfin qui donnent de la peine à l'Ame pour les comprendre, comme nous auons dit qu'il arriuoit dans les difcordances, tous ces ob-jets dis-ie font fafcheux & importuns, par-ce qu'ils deftruifent la proportion que la Nature a mife entre les fens & les obiets.

Il eft vray que ceux qui regardent le fens du Toucher font plus fafcheux & caufent vne Douleur qlus forte & plus fenfible, par-ce qu'ils alterent la conftitution qui eft la plus importante & la plus neceffaire. Car outre que ce fens eft le premier de tous, que c'eft luy qui fouftient la vie animale & qu'il a fon fondement dans le temperament qui eft la bafe de toute la compofition du

corps & de toutes les facultez corporelles;
ɪ'vnité des parties est si considerable à la Nature qu'on ne la peut violer sans la destruire. En effet la perfection des choses consiste dans l'vnité, parce que l'vnité lie & retient tout ce qui est necessaire à l'estre parfait qu'elles doiuent auoir; ET si elles viennent à souffrir quelque diuision, elles ne font
plus ce qu'elles estoient ny ce qu'elles doiuent estre. Il ne faut donc pas s'estonner, si
la Nature a tant de soin de conseruer l'vnité
des parties dans les animaux, & si elle se
trouble si fort quãd elle void qu'elle se perd,
puisque c'est en cela que consiste leur estre,
leur perfection & leur subsistance.

Le mal fascheux est donc l'objet de la
Tristesse & de la Douleur, qui doit estre connu auant qu'elles se puissent former dans
l'Ame. Mais parce qu'*estre fascheux* suppose
deux sortes de connoissance; ɪ'vne par laquelle on connoist l'estre veritable & phy-
sique de ce qui est fascheux; ET l'autre par
laquelle on connoist cette qualité de fascheux. La premiere se fait par la faculté
apprehensiue qui connoist les choses com-

me elles sont en elles-mesmes. L'autre se fait par la faculté estimatiue qui adiouste à l'estre des choses les notions de bon ou de mauuais , d'agreable où de fascheux. Car ces qualitez n'ont point d'especes sensibles qui frappent les sens , telles qu'en ont les objets exterieurs ; c'est pourquoy on dit dans l'Eschole que la connoissance que l'on en a se fait par des especes qui n'ont point passé par les sens , *per species non sensatas.*

En effet si les choses fascheuses se connoissoient par des especes, comme la couleur, la chaleur,&c. Il faudroit qu'elles parussent fascheuses en tout temps & à toute sorte d'animaux. Cependant ce qui est fascheux à l'vn ne l'est pas à l'autre , & ce qui l'est maintenant ne le sera pas tantost. Ce ne sont donc pas les sens exterieurs qui donnent cette connoissance ; mais la faculté estimatiue. Ainsi le sens connoist la chaleur ; mais il ne connoist pas qu'elle soit bonne ou mauuaise, agreable ou fascheuse : C'est cette faculté qui juge de ces qualitez par l'experience qu'ell'en a faite ou par vne secrete connoissance que la Nature luy en a donnée.   Et

Et certainement la plus-part de ces juge-
mens se font par instinct, c'est à dire par ces
images secretes que la Nature a imprimées
dans l'Ame des animaux pour leur appren-
dre les choses qu'elles doiuent fuir. Car qui
est celuy qui soit bien asseuré de la cause
des discordances, des mauuaises odeurs, &c.
& pourquoy elles sont desagreables ? qui a
appris à vn enfant qui sent de la Douleur
que la solution de continuité est si pernicieuse & si contraire à la Nature ? il faut de
necessité que ces connoissances soient nées
auec l'Ame, puisque ce n'est pas le sens, l'experience ny la raison qui les donnent.

C'est donc la vertu apprehensiue, à sçauoir le sens exterieur ou la partie imaginatiue de l'Ame, soit intellectuelle ou sensitiue qui connoist l'estre des choses, & puis
l'estimatiue les iuge mauuaises & fascheuses.
Mais il faut remarquer que dans les objets
de la Douleur corporelle, cette faculté ne
fait pas tousiours son jugement sur le premier rapport des sens, & qu'il faut souuent
que d'autres connoissances y interuiennent.
Quand elle juge que la Chaleur est mauuai-

H

se, c'eſt immediatement apres le jugement qu'en a fait le Toucher : mais quand elle juge que l'accord de deux ſons eſt deſagreable, ce n'eſt pas ſur le ſimple rapport de l'oreille ; il faut qu'vne autre faculté plus haute l'ait inſtruite de ce qui luy doit eſtre faſcheux, à ſçauoir de la diſproportion qui eſt entre ces deux ſós : de ſorte que l'oreille connoiſt le ſon, mais l'imagination en connoiſt la diſcordance ; et puis l'eſtimatiue juge qu'ell'eſt faſcheuſe. Il en eſt de meſme de la ſolution de continuité qui eſt le plus puiſſant objet de la Douleur & ſur laquelle on a formé tant de difficultez. Car il eſt certain que ce n'eſt pas le Toucher qui en donne connoiſſance à l'eſtimatiue, puiſqu'il n'en peut eſtre le juge & qu'il ne la ſent pas. En effet outre que le ſens ne peut eſtre bleſſé que par ſes objets propres & que la diuiſion appartient au mouuement ou au nombre qui ſont entre les objets communs ; il eſt conſtant que le ſens ne peut ſentir ſon organe, autrement il ſe ſentiroit luy-meſme, puiſque le ſens comprend l'organe & la faculté. Or eſt-il que l'vnité des parties

entre dans la conſtitution de l'organe du
Toucher & par conſequent il ne la peut
ſentir : et s'il ne la ſent pas, il ne peut auſſi
ſentir la diuiſion : car l'habitude & la priuation ſont d'vn meſme reſſort, & la faculté qui ne peut connoiſtre la lumiere n'eſt
pas capable de iuger des tenebres. Et certainement s'il en eſtoit le iuge, nous ne
douterions pas ſi ſouuent de la cauſe des
Douleurs que nous reſſentons, & nous ſe-
rions aſſeurez quand ce ſeroit elle qui les
produiroit comme nous ſommes certains
de l'impreſſion que le chaud & le froid font
ſur nous, quand le toucher les reſſent. Cependant quand il y a intemperie dans vne
partie, & que la Douleur y ſuruient, quelques-vns diſent que la ſeule intemperie en
eſt la cauſe ; d'autres que ce n'eſt pas l'intemperie, mais la ſolution de continuité
qu'ell'a excitée. Comment les eſprits ſe
peuuent-ils partager en vne choſe dont ils
veulent que le ſens ſoit le iuge ? aſſeurement
ce n'eſt pas luy qui prend connoiſſance de
la ſolution de continuité : Il ſent bien l'action
des choſes dures, acres & autres ſemblables

qui ont la vertu de diuiſer les parties ; mais
l'imagination connoiſt la diuiſion qu'elles
font, & en ſuite l'eſtimatiue la iuge mau-
uaiſe & perilleuſe.

Mais que ce ſoit le ſens ou l'imagination qui donne la premiere connoiſſance de
l'obiet de la Douleur, il y a vne autre condition qui eſt neceſſaire pour faire que l'eſtimatiue le reconnoiſſe pour faſcheux ; c'eſt
qu'il faut que l'impreſſion qu'il fait ſoit
prompte & violante, qu'elle ſe faſſe tout à
la fois & que l'Ame en ſoit ſurpriſe. Car
ſi elle ſe fait peu à peu & doucement, elle
ne cauſera point de ſentiment faſcheux ny
par conſequent point de Triſteſſe ny de
Douleur. C'eſt pourquoy les infortunes qui
arriuent lentement quelques grandes qu'elles ſe trouuent à la fin, ne donnent pas de ſi
grands deſplaiſirs que de plus legeres qui
viennent à l'impourueu & qui frappent
l'Ame tout d'vn coup. Les intemperies qui
s'introduiſent peu à peu dans le corps ne
cauſent aucune Douleur & les humeurs
qui rongent inſenſiblement les parties y
produiſent à la fin de grands vlceres qui ne

font point douloureux. Et cela vient non
feulement de ce que ces obiets s'infinuant
peu à peu, le changement qu'ils apportent
n'eft pas fenfible; mais encore de ce que l'A-
me & le corps contractent par ces lentes &
longues impreffions vne autre conftitution
que la couftume leur rend en quelque façon naturelle: De forte que ces obiets bien
loin de l'alterer & de la corrompre, l'entretiennent & l'augmentent, & ne peuuent
par confequent eftre reconnus pour fafcheux.

Voila comment fe fait la connoiffance
de l'obiet fafcheux; mais par tout là il n'y a
point encore de Trifteffe ny de Douleur,
& toutes les chofes que nous auons remar-
quées ne font que les caufes ou les conditions neceffaires à leur production. C'eft
pourquoy ceux qui mettent la Douleur
dans l'action du fens & qui affeurent qu'ell'-
eft bleffée, n'ont pas confideré que tout
ce qui fe paffe dans le fens eft eftranger à
la Douleur & fe fait auant qu'elle fe forme
dans l'Ame. Car quand l'action du fens fe-

La Dou-
leur n'eſt
pas vne
action de
ſens.

H iij

roit deprauée comme ils difent, ce ne feroit
pas vne Douleur, puifque la Douleur eft
vn mouuement de l'Appetit ; ᴇᴛ tout au
plus ce ne feroit qu'vn mauuais iugement
que le fens feroit de fon obiet, ce qui peut
eftre n'eft pas veritable.

En effet on ne fçauroit dire que l'action
du Toucher foit deprauée fi ce n'eft parce
qu'il fent les obiets plus grãds & plus forts
qu'il ne deuroit : ᴅᴇ forte que toute la queftion fe reduit à fçauoir fi ces obiets font
auffi grands qu'il les iuge, ou s'il les fait
plus grands qu'ils ne font effectiuement.
S'ils font auffi grands qu'il les reconnoift,
fon action n'eft pas déprauée, au contraire
elle eft parfaite, puifqu'il les reprefente iuftement & tels qu'ils font. Or il eft certain
qu'il ne les fait pas plus grands, parce que
le fens eft vne faculté reprefentatiue qui ne
connoift les chofes que comme elles font &
comme elles fe prefentent à luy ; C'eft à
dire qu'il en iuge conformement à l'impreffion qu'il en fouffre. Il peut à la verité
les reconnoiftre moindres qu'elles ne font
quand leur qualité ne fe fait pas fentir tou-

te entiere, comme quand elle touche vne
partie qui a peu de fentiment, ou quãd l'impreffion en eft legere : мais il ne les peut
iamais fentir plus grandes ne pouuant rien
adjoufter à leur qualité. Certainement cõ-
me quand vne trop grande lumiere vient
à frapper l'œil, on ne fçauroit dire que fon
action foit deprauée, puifqu'il fait le iugement de cét obiet comme il doit & qu'-
au contraire s'il ne fentoit fa violence, elle
feroit defectueufe. Il en eft de mefme de
toutes les qualitez tactiles ; elles font impreffion fur le Toucher & fi elles font violantes & exceffiues, le fentiment qu'il en a
ne peut eftre mis au rang des actions dépra-
uées. Car quand mefme la Douleur feroit
vne qualité fenfible, comme quelques-vns
veulent, le fens la connoiffant telle qu'ell'eft,
ne fouffriroit aucune deprauation dans fa
connoiffance, & fon action feroit parfaite
& accomplie.

D'ailleurs fi l'action du Toucher eftoit
deprauée, il faudroit que l'intemperie ou la
folution de continuité en fuft la caufe. Ce
n'eft pas l'intemperie, puifque dans vne

picqueure que l'on fent , il n'y a d'abord
aucune intemperie : Ce n'eft pas auffi la diuifion, car outre que le Toucher ne la fent
pas comme nous auons montré, l'vnité ne
fert de rien à l'action precife & principale
de ce fens ; les parties pour eftre diuisées ne
laiffant pas de fentir toutes les qualitez
tactiles. Car comme en tous les organes il
y a vne partie qui eft la caufe principale de
l'action, d'autres qui ne luy feruent que d'ai-
des & d'autres enfin qui ne font deftinées
que pour conferuer tout l'organe. L'vnité
eft de ce dernier genre : Elle n'eft ny la caufe principale du Toucher, ny ce qui la rend
plus facile ; mais elle fert feulement à la conferuation de fon organe, & quoy qu'elle fe
perde, l'action de ce fens n'en eft point offensée. Et de vray qui prendra garde qu'elle
n'a aucun rapport ny liaifon auec la vertu du
Toucher, qui eft la connoiffance, à laquelle elle ne fert de rien ; ny auec fon obiet
qui font les qualitez tactiles, du nombre
defquelles elle n'eft point ; iugera bien qu'-
elle ne contribue point à fon action, & qu'-
elle ne luy eft pas plus affectée qu'à tous les
autres

autres fens qui ont befoin comme luy de
cette difpofition pour la conferuation de
leurs organes. Apres tout fi elle y feruoit
de quelque chofe , quand elle viendroit à
fe perdre, elle rendroit pluftoft l'action affoiblie que deprauée.

Mais quoy ! toute la Medecine s'eft-elle
laiffé abufer en la mettant au rang des
actions deprauées ? Non certainement, car
il eft vray qu'elle fe fait autrement qu'elle
ne deuroit. Pour entendre cecy il faut remarquer que la Nature en donnant les fens
aux animaux a plus eu d'efgard à fa conferuation qu'à la leur, & n'a pas tant confideré leur perfection que la fienne. De forte qu'ell'a voulu qu'ils fuffent difpofez de
telle forte que leur action ne fuft pas contraire à la tranquillité & à l'eftat parfait de
fa vie. C'eft pourquoy elle les a rendus
moins exacts dans leur connoiffance , afin
qu'ils ne fentiffent pas les qualitez fenfibles
dans toute la force qu'elles peuuent auoir.
Car il eft certain que le fens quel qu'il foit
eft incommode, quand il eft trop delicat;

Comment l'opinion des Medecins fe doit expliquer.

I

L'ouyë trop fubtile eft vne forte de maladie qui fait fentir iufques au bruit que le mouuement des efprits fait dans l'oreille; ET perfonne ne doute que ceux qui ont le TOUcher trop exquis, ne foient plus expofez à la Douleur que les autres. Pour fatisfaire donc à ce deffein, la Nature a placé les vns en des lieux profonds & reculez afin que les objets s'affoibliffent par la longueur du chemin, comme l'ouyë & l'odorat; AUX autres ell'a fait les organes de matieres propres pour reboucher la force de leurs qualitez, comme font les humeurs qui entrent dans la compofition de l'œil, la fubftance molle & fpongieufe dont la langue eft compofée; ET pour s'arrefter au fujet qui nous occupe, ell'a mis le Toucher dans vne membrane groffiere & charnuë, qu'ell'a encore couuerte d'vne pellicule infenfible, afin que l'abord des qualitez tactiles ne la touchaft pas fi viuement. Car fi les parties exterieures qui les doiuent apperceuoir les premieres auoient le fentiment auffi vif que les nerfs, l'animal feroit en vne continuelle Douleur, & les plus foibles objets luy fe-

roient infupportables. Quand il arriue donc
que le fentiment eft plus exact qu'il ne doit
eftre, c'eft vne action qui eft parfaite à l'efgard du jugement que le fens en fait; mais
elle eft déprauée à l'égard de l'animal, eftant
contraire à l'ordre general de la Nature &
à l'eftat parfait de la vie dont elle veut
qu'il jouyffe.

Or le fentiment eft plus exact qu'il ne
faut, quand les obiets font trop forts qui
font vne trop grande impreffion fur les
fens ; ou quand les parties interieures en
font immediatement touchées, comme lors
que la peau ne les couure plus ; et quand
la vertu fenfitiue s'y eft renduë plus grande, comme lors que leur conftitution eft
alterée. Car il eft certain que puifque la Nature leur enuoye des efprits vitaux pour
les fortifier, ell'y fait auffi couler vne plus
grande quantité d'efprits fenfitifs pour
en accroiftre le fens : dautant que le fens
ayant principalement efté donné aux parties pour reconnoiftre & pour éuiter les
chofes qui les peuuent deftruire, il faut
que celles-cy qui font bleffées & affoiblies

& qui sont moins capables de resister, ayent cette vertu plus delicate, afin de remarquer pluftoft & plus exactement ce qui leur peut nuire. Et c'est là fans doute la raison pour laquelle les parties malades ont le fentiment si exquis, & qu'on ne les sçauroit si peu toucher qu'elles ne reffentent de la Douleur.

La Medecine ne s'est donc pas trompée quand ell'a dit que l'action du Toucher eftoit déprauée dans la Douleur. Mais ell'a rapporté au fens ce qui se deuoit rapporter à l'animal : Car à l'égard de celuy-cy ell'eft deprauée, mais à l'égard du fens ell'eft iufte & parfaite. Ou bien il faut dire qu'ell'a confondu à fon ordinaire l'action du fens auec la Douleur, laquelle peut eftre mife au rang des actions deprauées, les comparant auec les actions de la fanté parfaite, qui eft le modelle fur lequel elle mefure tous les accidens qui arriuent au corps. Car il eft vray qu'en cét égard toutes les paffions violentes peuuent paffer pour des actions deprauées, puifqu'elles font contraires à la tranquillité & à l'eftat parfait

de la vie , & qu'elles se font tout autrement que la nature de l'animal ne voudroit:
quoy qu'au respect des facultez qui les produisent ce ne soient point des actions blessées ny deprauées , puisque chacune en iuge
comme elle doit & que l'appetit s'esmeut
conformement à sa nature & à la connoissance qu'il est obligé de suiure.

Or il ne faut pas s'estonner de ce que
cette science n'ait pas distingué toutes ces
choses ; ne considerant les actions que comme les signes & les effects des causes sur
lesquelles elle doit trauailler, elle n'est pas
obligée d'en faire vne anatomie si exacte
que la Philosophie ; c'est assez pour elle
qu'ell'en ayt la connoissance qui est necessaire à son dessein. Ainsi il n'importe pas
pour elle que la Douleur soit vn mouuement de l'Appetit, ny que le iugement de
l'estimatiue la doiue preceder : Il suffit qu'-
elle luy fasse connoistre la partie qui est
blessée & les causes d'où elle procede, afin
d'appliquer iustement les remedes pour la
chasser. C'est pourquoy sans crainte de fail-
lir, elle confond dans sa definition l'action

du fens & le mouuement de l'Appetit,
parce qu'il ne fert de rien de les diftinguer
pour y apporter la guerifon. Mefmes contre les regles de la Logique, ell'y fait entrer
l'intemperie & la folution de continuité;
Dautant que ce font les chofes qu'elle confidere le plus, & les feules qui la doiuent
occuper. Elle ne la reconnoift auffi que
dans le fens du toucher, parce que c'eft la
plus importante & celle qui a particulierement befoin de fon fecours.

Quoy qu'il en foit, de tout ce que nous
auons dit cy-deffus, il refulte que la Douleur
n'eft pas yne action du fens, qu'elle fe forme
apres celle-cy & que c'eft enfin l'ouurage
d'vne autre puiffance de l'Ame. Et certai-
ment qui confiderera que le fentiment eft
borné à la partie où il fe fait & que la Douleur fe reffent non feulement dans la partie bleffée, mais encore dans l'Ame toute
entiere & qu'elle trouble & efbranle tout
l'animal, iugera bien que ce doit eftre l'a-
ction d'vne faculté plus generale que n'eft
le fens : en vn mot que la puiffance par
laquelle l'Ame s'efmeut, c'eft à dire l'Ap-

petit , eſt la cauſe de cét effect.

Apres que le mal eſt donc venu à la connoiſſance de l'Ame, qu'elle l'a iugé faſcheux & qu'ell'a veu qu'effectiuemét il altere & corrompt ſa conſtitution naturelle,
alors elle ſe reſout de le fuir, n'ayant point
d'autre moyen d'éuiter vn ennemi qui la
ſurprend & qui la preſſe; ET au meſme moment l'appetit qui eſt deſtiné pour executer les reſolutions qu'ell'a priſes ſe donne
le mouuement qui eſt conforme à ſa connoiſſance & à ſon deſſein. Il faut donc voir
quel eſt ce mouuement, puiſque c'eſt luy
ou conſiſte le trouble, la conſtitution faſcheuſe, en vn mot la nature & l'eſſence de
la Douleur.

Quel eſt le mouuement de l'Appetit dans la Douleur.

Mais le moyen de pouuoir découurir
vne choſe ſi obſcure qui ſe paſſe toute au
plus profond de l'Ame & qui juſques icy
a eſté ſi cachee qu'elle n'a pas meſme four-
ny aucun ſoupçon ny aucune conjecture
de ce que ce peut eſtre. On s'eſt conten-
té de dire que c'eſtoit vn mouuement de
l'Ame, parce que c'eſt vne Paſſion ; MAIS

comme si c'estoient là ces colomnes au dela
desquelles il n'est pas permis à l'esprit
humain de passer , personne n'a encore
osé se hazarder d'aller plus auant pour
chercher comment se fait ce mouuement
& en quoy il differe de celuy qui se fait en
toutes les autres passions ; car puisqu'elles
sont differentes entr'elles, il faut que leurs
mouuemens le soient aussi.

Puisqu'il est donc vray que l'Ame se meut
& que le premier mouuement qu'elle fait
à la veuë du mal c'est de se separer de luy;
il faut qu'apres auoir connu vn obiet mauuais, elle souffre ce premier mouuement &
qu'elle s'en esloigne , puisqu'elle le connoist pour vn mal. Mais parce qu'outre
cette notion generale elle le reconnoist encore pour fascheux, qu'elle void qu'il est
present & qu'il corrompt effectiuement sa
constitution naturelle ; ce n'est pas assez
pour elle de se separer de luy, puisqu'elle
s'engage à cette separatió pour toutes sortes
de maux & pour ceux-là mesme qui sont
absens dont elle ne craint pas les attaques:
mais il faut qu'ell'adjouste à ce mouuement

ment quelque precaution & quelque effort qui responde au peril où elle croit
estre.

Seroit-ce point par vne fuite prompte &
précipitée qu'elle tascheroit de l'éuiter? car
c'est vn moyen connu & familier à tous
les animaux, quand ils sont pressez d'vn
puissant ennemy, & nous experimentons
en nous-mesmes que les esprits fuyent ainsi
au cœur & s'y retirent auec vne extréme
vitesse, quand quelque chose de formida-
ble a jetté la crainte dans l'Ame. Ouy sans
doute elle le fuit & n'a iamais plus de suiet
de le faire auec plus de diligence & de ha-
ste que lors que le mal l'a saisie, qu'il la
presse & qu'il tasche de la destruire. Mais
cela ne suffit pas encore, puisque nous a-
uons montré cy-deuant que cette precipitation se peut trouuer dans la simple Haine
sans que la Douleur s'y rencontre; qui est
vne marque euidente que ce n'est pas dans
ce mouuement que celle-cy consiste. Ioint
qu'vn mouuement pour estre plus viste qu'-
vn autre, n'est pas de differente espece, &
par consequent si la Douleur n'estoit dif-

K

ferente de la Haine que par la viteſſe de ſon mouuement, elles ſeroient toutes deux de meſme nature & ne ſeroient differentes que du plus & du moins; en ſorte qu'on pourroit dire que la Douleur ſeroit vne forte Haine, & la Haine vne foible Douleur; ce qui n'eſt pas veritable, puiſqu'il ſe trouue de grandes Haines qui ne ſont accompagnées d'aucune Triſteſſe. Il faut donc chercher ailleurs que dans cette fuite precipitée, la difference du mouuement qui eſt propre à cette Paſſion. Diſons donc.

Puiſqu'il y a rapport des mouuemens de l'Ame à ceux du Corps, & que ceux-cy ſont des characteres de ceux de l'Ame; puiſqu'il eſt encore vray que les paroles ſont les images des choſes & qu'elles en font connoiſtre la verité, il ne faut que conſiderer les agitations que le corps ſouffre dans la Douleur, & les façons de parler par leſquelles cette Paſſion exprime ſes ſentimens, pour découurir le mouuement que nous cherchons.

Or nous voyons que tous les animaux ſe reſſerrent, ſe ramaſſent & s'appetiſſent autant qu'ils peuuent quand ils fentent cette Paffion ; les vers & les autres infectes qui rampent, fe retirent & r'entrent comme en eux-mefmes ; la peau fe ride aux vns, les membres fe racourciffent aux autres ; et nous experimentons qu'au premier fentiment que nous auons du mal, nous fronçons le fourcil & nous retirons la partie qui a efté offensée. Nous difons mefme pour exprimer vne grande Trifteffe que l'on a le cœur ferré & l'on fent effectiuement en foy quelque chofe qui preffe le cœur & qui empefche la liberté de fes mouuemens. Mais ce qui eft le plus confiderable & à quoy peu de perfonnes ont pris garde, il n'y a point de partie qui fente de la Douleur laquelle ne refferre fes fibres : Et c'eft pour cela que le pouls y deuient dur par la contraction qui fe fait dans l'artere ; c'eft pour cela que les levres des playes fe retirent & que lors qu'elles fe relafchent & qu'elles deuiennent molles on n'y fent plus de mal ; l'on peut mefme affeurer que dans les Douleurs interieures, comme dans les Coliques nephretiques, dans les Pleurefies & dans les tranchées de l'accouchement, &c. c'eſt la contraction des fibres qui augmente le ſentiment de la Douleur. Car puiſqu'elles ſe reſerrent dans les playes, dans le froid & à l'abord de toutes les qualitez picquantes, & que ce ſont les organes propres & particuliers de l'appetit naturel qui ſe meut touſiours en ces rencontres ; il ne faut pas douter que dans ces Douleurs-là elles ne ſouffrent contraction & qu'elles ne rendent le mal plus douloureux en tirant la partie malade. De ſorte qu'auec toutes ces experiences on peut aſſeurer qu'à l'eſgard du corps le reſerrement, s'il eſt permis de parler ainſi, & la contraction des parties eſt le mouuement propre & particulier de la Douleur ; ET par conſequent ſi l'Ame y en doit auſſi ſouffrir quelqu'vn qui ſoit different des autres Paſſions, il faut qu'il ſoit conforme à celuy-là ; ET qu'il ſe faſſe dans l'appetit vne eſpece de contraction & de compreſſion violante par laquelle ſes parties r'entrant en quelque façon l'vne dans l'autre, ſe penetrent & ſe preſſent plus que leur conſtitution naturelle ne demande. Et

en effet s'il est vray que la Ioye soit vne ef-
fusion vn espanchement & (pour parler
conformement au nom que la langue La-
tine luy a donné) si c'est comme vn eslar- *Lætitia,*
gissement de l'Ame, il faut que la Tristesse *Latitia.*
en soit la contraction & l'estressissement.
Et qui considerera bien la nature de ce mouuement, verra sans doute qu'on ne s'en peut
figurer d'autre qui soit plus conforme au
dessein qu'elle doit auoir en cette rencontre ny qui puisse mieux faire connoistre
l'impression que le mal y fait & le trouble
qu'il y excite. Car comme la contraction est
vne espece de condensation par laquelle vne
chose se reserre & occupe moins d'espace,
ses parties se comprimant & se pressant de
telle sorte qu'elles se penetreroient l'vne
l'autre, si les corps estoient susceptibles de
penetration : Il est certain que si l'Ame est
capable de cette sorte de mouuement, il
faut s'imaginer qu'elle se ramasse & se retres-
sit en quelque façon & qu'ell'a comme des
parties qui se retirent & r'entrent en elles-
mesmes; lesquelles n'ayant pas vne quantité
materielle comme ont les corps, se pene-

trent l'vne l'autre & fe confondent enfemble. Et bien qu'il ne foit pas facile de conceuoir ces parties, ce tranfport & ce mef-
lange dans la fubftance de l'Ame ; neantmoins puifque tout le monde eft d'accord
qu'elle fe meut dans les Paffions, c'eft vne
neceffité qu'il y ayt quelque chofe qui ref-
ponde à tout cela. Et qui croira que les An-
ges fe meuuent d'vn endroit à l'autre, qu'ils
occupent tantoft plus & tantoft moins d'efpace, & qu'ils peuuent augmenter ou ra-
courcir leur eftenduë, n'aura pas de peine à
s'imaginer que les mefmes mouuemens fe
font dans l'Ame.

Or parce que la Nature n'excite aucune Paffion dans l'animal que ce ne foit
pour quelque bien qu'elle luy veut procurer, il eft certain que par cette forte de
mouuement elle croit pouruoir à fa feureté
en plufieurs manieres. Car en fe refferrant,
outre qu'elle fuit ainfi l'approche de l'ennemy, qu'elle fe cache de luy autant qu'elle
peut & qu'elle luy veut faire vn plus libre
paffage, afin qu'il s'efloigne d'elle pluftoft &
plus facilement ; elle reunit fes parties par

éctte contraction & croit ainfi fe rendre plus
forte & plus capable de refifter à fes efforts;
et comme elle occupe moins d'efpace, elle
penfe qu'ell'eft moins expofée à fes atteintes
& qu'elle ne leur donne pas tant de vifée.

Certainement fi c'eft pour tous ces motifs-
là qu'elle infpire aux animaux le deffein de
faire retirer leurs mébres quand le mal les attaque, comme il n'en faut pas douter, il n'y
a pas d'apparence qu'elle s'oublie elle-mefme fe trouuant dans le mefme danger &
qu'elle n'ayt pas le foin de faire pour elle ce
qu'elle fait faire pour les autres: Soit que la
Nature luy ayt donné ces ordres fecrets,
foit qu'elle le faffe par couftume, ou que le
mal la trouble & luy perfuade que ce qui fert
au corps peut encore feruir à fa conferuation.

Mais fi ce mouuement luy eft vtile en
quelque chofe, il eft caufe en fuite du plus
grand incóuenient qui luy puiffe arriuer, &
de toute la peine qu'elle fouffre en cette rencontre. Car cóme l'image du mal s'eft mul-
tipliée & s'eft refpanduë dans l'appetit de
la maniere que nous auons dit au chap. de la

Haine, elle se reünist comme luy par la contraction qu'il s'est donnée & deuient ainsi
plus forte & plus sensible, estant plus vnie
& plus ramassée. Mais encore comme les
parties de l'Appetit rentrent en dedans & se
penetrent l'vne l'autre, cette image importune entre aussi & s'insinuë auec elles : De
sorte que l'Ame voyant cét ennemy qui luy
paroist plus puissant, qui la penetre de toutes parts & qui se mesle & se confond auec
elle, ne peut souffrir qu'auec vne extréme
peine vne chose si odieuse, & faisant de nouueaux efforts pour s'en éloigner, elle se trouble dauantage, & accroist ainsi le desordre
où ell'est. Il est vray qu'il est tantost plus
grand & tantost plus petit, selon que la contraction est plus ou moins forte, parce que
l'image penetre plus ou moins à proportion.
Et c'est delà sans doute que pour exprimer
la violence de cette Passion, on dit qu'on est
outré de Tristesse ou de Douleur, cette façon de parler representant la profonde penetration que le mal fait dans l'Ame.

Mais outre cét inconuenient qui accompagne tousiours ce mouuement quelque
foible

foible qu'il foit, il en furuient vn autre qui
n'eft guere moindre quand ce mouuement
fe fait auec violence. C'eft que la contraction
que l'appetit fe donne, eft alors fi grande
que l'ame tombe dans le mefme peril ou fe
trouuent les corps qui fouffrent vne com-
preffion & condenfation exceffiue : Car
chaque chofe a fon eftenduë naturelle qui
ne fe peut augmenter ny diminuer que
jufques à vn certain point au delà duquel
elle rencontre fa perte & fa ruine. L'ame
qui eft donc en quelque forte foubmife à
cette loy & qui void cette extraordinaire
& dangereufe côtraction, s'en efmeut comme d'vn nouueau mal & adjoufte au trouble que le premier luy a apporté celuy que
cette connoiffance luy donne. Ainfi fa peine
luy caufe vne nouuelle peine, & fa precaution augmente le danger où elle fe trouue. Et certainement on peut dire que la contraction de l'ame fait la mefme chofe que
la contraction des parties du corps : Car
quoy que cellecy fe faffe pour fortifier les
parties & pour éuiter le mal , elle l'augmente neanmoins, & fi les fibres ne fe reffer-

L

roient point dans les playes la douleur en seroit beaucoup moindre comme nous auons
dit. Il en est de mesme de la contraction
de l'appetit, il se reserre pour se fortifier
& pour fuir l'image du mal qui le penetre, mais c'est ce qui accroist le trouble &
le peril.

La tristesse & la Dou-leur font vne mes-me passió. Voila quel est le Mouuement que l'appetit souffre à la presence d'vn mal fas-
cheux ; d'ou il est aysé à juger qu'il est
commun à la Douleur & à la Tristesse, parce que l'ame ne se peut mouuoir autrement pour se mettre en seureté & pour diminuer le peril où elle se trouue engagée.
De sorte que quelque partie de l'ame que
ce soit qui est attaquée de cette sorte de
mal souffre toujours le mesme mouuement; Et par consequent le mal sensible cause la mesme agitation dans l'appetit sensitif, que le mal spirituel dans la volonté.
Doù il s'ensuit encore, que la Douleur &
la Tristesse font vne mesme espece de passion, puis qu'elles ont vn mesme mouuement & vne mesme fin, & qu'elles ne sont
differentes que par la diuersité du subjet où

elles se font qui ne cause point de difference essentielle dans les mouuemens. Il
est vray que dans la Douleur corporelle
l'esmotion de l'appetit sensitif dont nous
venons de parler, est presque toûiours accompagnée de celle de l'appetit naturel
qui luy est tout à fait opposée : Car au lieu
que celuy-là se retire & se resserre pour
fuir le mal, celuy-cy s'esleue pour le
repousser & esmeut les esprits conformement à ce dessein. Mais quoy que cela
cause de differens effects dans le corps, il
n'apporte aucun changement au mouuement de l'appetit sensitif, & n'adiouste
rien à cét estat fascheux & penible qui fait
toute l'essence de la Douleur & qui naist de
la seule contraction de l'ame, comme nous
auons monstré cy-dessus. Ainsi il est toûjours
vray que la Tristesse & la Douleur sensible ne font qu'vne mesme espece de passion, puis qu'elles consistent toutes deux
en vne mesme sorte de mouuement.

QVoy qu'il en soit, apres que ce grand
trouble & cette côstitution fascheu-

Quel est le
Ressenti-
ment que
l'ame a de
la douleur.

se s'eſt formée dans l'appetit, les facultez ſuperieures en prennent connoiſſance:Et il ſe
fait alors vn retour & comme vn mouuement circulaire dans l'ame qui eſt la maniere d'agir qui luy eſt la plus naturelle &
qui eſt auſſi la plus parfaite & la plus excellente de toutes. Car l'imagination connoiſt premierement l'objet, l'appetit le reçoit apres & s'eſmeut, & puis l'imagination reuoid ce qui ſe paſſe dans l'appetit,
& par cette derniere connoiſſance on dit
veritablement que l'on reſſent la Douleur,
parce que reſſentir c'eſt connoiſtre, qui
ſuppoſe vne vertu connoiſſante laquelle
ne ſe trouue dans aucun appetit.

Or par le mot d'imagination, i'entends
icy non ſeulement la partie imaginatiue
de l'ame ſenſitiue, mais encore celle de
l'entendement, car le meſme progrez qui
ſe fait en celle-là pour la Douleur, ſe fait
en celuy-cy pour la Triſteſſe. Le mal ſpi-
rituel y entre premierement, puis il deſcend dans la volonté où il excite l'eſmotion de la Triſteſſe, & puis cette eſmotió
retourne à la connoiſſance de l'Entendemét.

Mais il faut remarquer que cette derniere connoiſſance ſoit qu'elle ſe faſſe dans
l'ame ſenſitiue ou dans l'Entendement eſt
de deux ſortes. L'vne eſt obſcure & confuſe,
l'autre eſt plus claire & plus diſtincte. Celle-
cy ſe fait quand l'imagination s'applique
toute entiere à conſiderer le trouble qui
s'eſt eſleué dans l'appetit ou dans la volonté : Car pour lors elle en forme vne
image plus parfaite, elle le connoiſt plus
clairement & reſſent auſſi la Douleur telle
qu'ell'eſt. Mais quand elle eſt diuertie &
qu'elle eſt occupée ailleurs, elle ne le connoiſt qu'imparfaitement & n'en donne de
connoiſſance qu'autant qu'il en faut pour
ſentir qu'on n'eſt pas en l'eſtat qu'on deb-
uroit eſtre & qu'on eſt triſte ſans ſçauoir
pourquoy. De ſorte qu'on ſouffre alors
veritablement la paſſion, mais on peut dire
qu'on ne la reſſent pas : Et meſme il eſt
vray qu'elle n'eſt pas complete ny entiere, parce que le trouble que cette derniere connoiſſance doit adiouſter au premier mouuement qui ſe fait dans l'appetit ne s'y trouue pas, ce qui la rend
L iij

beaucoup moindre , comm'il eſt aysé à
juger par ce que nous auons dit cy-deſſus.

C'eſt en ce ſens qu'il faut entendre les
paroles d'Hippocrate qui ont donné tant
d'exercice aux Medecins, quand il dit, que
ceux qui ont de la douleur & ne la ſentent pas, ont l'eſprit malade. Car bien que
le mot de Douleur ſe puiſſe prendre là
pour la cauſe de la Douleur dont l'impreſſion n'eſt pas quelques fois remarquée
par les facultez ſuperieures à cauſe du deſordre ou elles ſont ; Neantmoins il peut
arriuer tres ſouuent que le ſens aura connu
& ſenti cette impreſſion & que l'eſmotion
ou conſiſte la douleur s'en ſera enſuiuie
ſans que l'imagination en ait aucune connoiſſance ; Et pour lors il ſera vray qu'on
ſouffrira la paſſion de la Douleur & qu'on
ne la reſſentira pas : Comme il arriue dans
les afflictions quand on a l'eſprit diſtrait :
car bien que l'ame ſoit outrée de Triſteſſe,
que le cœur meſme ſe trouue ſerré & le
corps abbatu, elle ne reſſent point le trouble ou ell'eſt & l'on peut dire qu'ell'eſt triſte, mais qu'elle ne s'en apperçoit pas.

Or ce deffaut de cónoiſſance arriue dans la Douleur corporelle non ſeulement à l'eſgard de l'imagination mais auſſi à l'eſgard de l'entendement. Car comme celuy-cy eſt le maiſtre & le iuge de toutes nos connoiſſances, il emporte toute noſtre attention à l'objet qu'il conſidere & n'en laiſſe point pour les objets ni pour les actions des autres facultez inferieures ; de ſorte que l'imagination peut connoiſtre le mal & reſſentir le trouble qu'il a excité dans l'appetit ſans que nous nous en apperceuions, noſtre eſprit eſtant occupé ailleurs. Quant à l'imagination elle peut auſſi eſtant diſtraite ou empeſchée ne pas apperceuoir l'eſmotion qui ſe fait dans l'appetit comme nous venons de dire : Et on ne ſçauroit douter que lors qu'on eſtrangle vn animal & qu'on luy void faire de ſi grands efforts & de ſi eſtranges contractions & contortions de membres, il ne ſouffre bien de la douleur, quoy qu'il ne la reſſente pas.

Car nous ſommes aſſeurez par le teſmoignage des hommes qui ont paſſé par ce ſupplice & qui s'en ſont ſauuez, qu'ils n'ont eu aucun sentiment du mal que leur corps enduroit. Ce que l'on peut dire encore des inquietudes , des conuulsions & autres pareils symptomes qui arriuent dans les maladies qui troublent la connoissance.

Il ne sert rien de dire que l'appetit ne se peut émouuoir sans la connoissance de l'imagination. Car quoy que cela soit veritable, il ne se doit pas toûjours entendre de cette maîtresse faculté qui a son siege dans le cerueau & qui est destinée pour la conduite generale de l'animal , puisque nous experimentons que les membres souffrent du mal sans qu'elle le ressente. Mais il faut ou qu'elle soit respanduë dans tous les membres, & qu'ell'ait diuers degrez de connoissance , dont les moins parfaits la peuuent occuper , quand sa plus noble operation est empeschée : Ou bien qu'il y ait vne imagination particuliere en chaque partie qui a soin de sa conseruation & qui peut agir sans la participation de cette faculté superieure, comme il arriue dans les insectes quand leurs parties toutes diuisées

nisées qu'elles font, ne laissent pas de sentir
& de se mouuoir. Et de vray ces facultez
ne sont point separées les vnes des autres
& par tout ou est le sens il faut que l'imagination & l'appetit s'y trouuent. De sorte
que toutes les parties qui ont le sentiment
ont chacune ces deux autres puissances qui
sont comme des lignes qui aboutissent à
ces facultez dominantes.

Apres l'examen que nous venons de faire
des trois actions qui conourrent à la naif-
sance de la Douleur, il n'y a plus rien qui
nous empesche d'en connoistre parfaitement la nature, & nous croyons la pouuoir definir exactement en disant que c'est
*vn mouuement de l'appetit concupiscible par
lequel l'ame se reßerre & rentre auec precipitation en elle mesme pour fuir d'autant plus
le mal qui la preße & pour euiter le dom-
mage qu'ell'en peut receuoir.*

Pour bien entendre cette definition, il
faut particulierement examiner les termes
qui la distinguent de toutes les autres. Et
asseurement la Contraction qui est ce mou-

M

uement par lequel l'ame se resserre & rentre en elle mesme , en doit faire la difference en y adioustant les conditions qui la
restraignent à cette passion. Car il est vray
qu'elle se trouue dans la Constance & dans
la Crainte: Et quoy que nous n'ayons marqué aucun autre mouuement dans la Constance que la fermeté , il y a neantmoins
grande apparence que l'ame s'y resserre
aussi, puis qu'elle a dessein de s'y rendre
plus forte pour resister au mal, & que toutes les choses se resserrent pour se fortifier
en reunissant leurs forces. Mais outre que
cette contraction y est fort legere, parce
que la fermeté retient les parties & empesche qu'elles ne se retirent; elle s'y fait sans
confusion, cette mesme fermeté les rete-
nant dans l'ordre où elle les rencontre &
ne souffrant pas qu'elles se meslent & se
brouïllent ensemble. Au lieu que dans la
Douleur elles se penetrent & se confondent
à cause de la surprise où l'ame se trouue à
l'abord d'vn si grand mal & de l'empressement qu'ell'apporte pour s'en esloigner.

De sorte que la Contraction qui se fait

dans la Douleur est differente de celle qui
est dans la Constance, par la confusion.
Ioint que la fin en est diuerse, l'ame se refferrant dans celle-cy pour resister au mal
& dans l'autre pour s'en esloigner.

La Contraction entre aussi dans la definition de la Crainte, mais elle se forme dans
l'appetit irascible & c'est apres que l'ame a
comparé ses forces auec celles du mal &
qu'elles luy ont semblé plus foibles. Mais
celle de la Douleur se fait dans la partie concupiscible sans aucune consideration de la
force ou de la foiblesse qu'elle peut auoir.
Outre que dans la Crainte l'ame ne sent pas
le mal present comme dans la Douleur,
elle le void seulement prest à venir ; c'est
pourquoy elle le fuit pour en éuiter l'approche & les atteintes : mais icy elle sent
desia l'vne & l'autre & elle se retire pour
empescher les derniers desordres qu'il peut
causer.

De sorte que l'objet qui excite cette Contraction est le mal qui la presse, c'est à dire
le mal fascheux qui altere & corrompt effectiuement la constitution natutelle de l'a-

nimal, ſoit celle qui eſt propre à l'ame comme il arriue dans la Triſteſſe, ſoit celle du
corps comme dans la Douleur. La fin qu'elle
s'y propoſe c'eſt d'éuiter le danger où elle
ſe trouue qui va à ſa deſtruction : Et le moyen pour arriuer à cette fin, c'eſt la fuite,
mais c'eſt vne fuite particuliere qu'ell' ad-
jouſte à celle que la Haine luy fait faire.
Car la Haine qui accompagne toûjours la
Douleur luy communique toûjours auſſi
ſon mouuement ; ᴅe ſorte qu'elle luy fait
fuir le mal faſcheux : ᴍais la Douleur, outre qu'elle precipite cette fuite, ell' en cauſe
vne autre faiſant reſſerrer l'appetit ſenſitif.
Et l'on peut dire qu'en celle-là l'ame fuit
en courant, & qu'en celle-cy elle fuit en
s'eſcartant & ſe tirant à quartier. C'eſt pourquoy nous auons eu raiſon de dire qu'elle
ſe reſſerre pour fuir d'autant plus le mal
qui la preſſe.

Les diffe-
rences de
la Dou-
leur.
Puis que toute la nature de la Douleur
conſiſte dans cette contraction faſcheuſe
de l'ame, & que cette contraction ne ſe
peut faire que d'vne maniere & eſt du rang

de ces dernieres especes qui ne se peuuent
plus diuiser par des differences essentielles,
il s'ensuit que toutes les Douleurs sont d'vne
mesme nature & que les differences qui
les distinguent l'vne de l'autre, sont acci-
dentelles comme sont celles qui viennent
de la qualité du subjet, de l'objet, du mouuement, &c. Pour suiure l'ordre que nous
auons tenu jusques icy il faut parler de
quelques vnes & principalement de celles
qui peuuent seruir à la connoissance des
characteres de cette passion.

La plus considerable de toutes est celle
qui se tire de la partie de l'ame qui en est
le subjet & qui en souffre le mouuement.
Car si c'est la volonté elle fait la Tristesse,
si c'est l'appetit sensitif, il fait la Douleur
sensible ; et toute la Philosophie est d'accord que la Douleur spirituelle s'appelle
Tristesse & que la corporelle se nomme simplement Douleur. Neantmoins la
commune façon de parler n'obserue pas
toûjours cette distinction : Car par le mot
de Douleur elle entend celle ou le sens du

Toucher eſt manifeſtement bleſsé & quand
il ne l'eſt pas, elle employe le mot de Triſteſſe pour exprimer la paſſion que l'ame
reſſent. Ainſi quand la ſanté eſt alterée &
qu'il ny a aucune partie qui ſoit douloureu-
ſe, quoy que l'eſtat faſcheux où l'on eſt ſe
forme dans l'appetit ſenſitif & qu'il ait vne
cauſe corporelle & ſenſible, on ne dit pas
que l'on ait de la Douleur, mais ſeulement
que l'on eſt triſte ou chagrin qui eſt vne eſpece de тriſteſſe. Et quoy que l'on puiſſe dire
qu'alors le ſentiment du mal eſt monté iuſques à l'eſprit qui cauſe cette paſſion dans
la volonté ; neantmoins outre que le meſme eſtat ſe peut trouuer dans les beſtes &
qu'il y en a meſmes qui ſont naturellement
triſtes, il faut toûjours qu'alors il ſe faſſe
en nous quelque eſmotion de l'appetit ſenſitif, laquelle pourtant nous n'appellons jamais Douleur.

Mais nonobſtant cét vſage que le peuple
& l'ignorance ont introduit, il en faut demeurer au iugement de l'eſcole, & croire
que la Triſteſſe appartient à l'eſprit & la
Douleur au corps. On ne doit pas neant-

moins s'imaginer que l'vne & l'autre ayent
leur jurisdiction tellement separée qu'elles
ne puissent estre excitées par vn mesme
objet & qu'elles ne puissent compatir ensemble. Car la Douleur sensible n'est gueres
sans la Tristesse, ny la Tristesse sans la Douleur sensible, & le mal est si contagieux de
sa nature qu'il passe ordinairement du corps
à l'esprit & de l'esprit au corps.

La difficulté est de sçauoir comment cette
communication se fait. Car il semble puisque les choses materielles ne peuuent agir
sur les spirituelles que la douleur sensible ne
peut offenser l'esprit & ne doit point par consequent luy estre vn objet fascheux. D'vn autre costé quoy que l'entendement puisse esle-
uer les phantosmes de l'imagination & les
rendre spirituels, il n'est pas au pouuoir de
l'imagination de changer les idées de l'entendement qui sont spirituelles, en des phantosmes corporels. Ainsi les maux de l'esprit
ne sçauroient toucher l'ame sensitiue, ny
causer par consequent vne douleur sensible.

Pour respondre à ces raisons, & resoudre

Comment
la tristesse
& la Dou
leur se
communi
quent l'v-
ne à l'au-
tre.

cette grande difficulté, on pourroit dire
auec l'eschole qu'il y a sympathie entre les
facultez de l'ame & qu'elles sont si estroitte-
ment liées ensemble qu'il est impossible que
l'vne ne ressente ce qui se passe en l'autre.

Ou bien qu'estant toutes reunies dans la
substance de l'ame qui en est le principe
& comme la maitresse rouë où elles sont
toutes enclauées, c'est l'ame mesme qui
les fait agir l'vne apres l'autre conformement aux actions qui se doiuent faire ; de
sorte que l'appetit par exemple s'agite apres
la connoissance de l'imagination & les
membres se meuuent apres le mouuement
de l'appetit, parce que ces facultez ont
sympathie ensemble, ou parce que l'ame les
excite & les fait agir dans cét ordre-là.
Si cela est ainsi il est facile de dire comment les passions dont nous parlons passent de l'vne à l'autre, car l'imagination
& l'entendement se communiquant leurs
connoissances par cette sympathie qu'ils
ont ensemble, ou par la direction de l'ame,
il faut que l'objet fascheux qui s'est pre-
senté à l'esprit & qui a causé la Tristesse
dans

dans la volonté, se communique à l'imagination, d'où il descend apres dans l'appetit pour y former la Douleur.

Mais pour en parler franchement ces opinions ne satisfont pas plainement l'esprit. Car outre que le mot de sympathie est vn de ces termes qui éludent les difficultez & qui flatent nostre ignorance, si c'est par elle que l'entendement & l'imagination se communiquent leurs connoissances, il faudra qu'il n'y en ait aucune dans l'entendement qui n'entre dans l'imagination & que toute sorte de Tristesse soit accompagnée de Douleur. Ce qui n'est pas veritable, puis que les notions intellectuelles ne descendent iamais dans l'ame sensitiue, & qu'il n'y à que les grandes Tristesses qui se font ressentir au corps, comme les legeres Douleurs ne touchent pas l'esprit & ne le jettent pas dans la Tristesse.

D'ailleurs cette sympathie n'exclud pas la maniere d'agir qui est naturelle aux facultez, & par consequent il faut qu'elle suppose vn objet corporel qui frappe l'imagination, parce qu'elle ne peut connoiftre que les chofes fenfibles. Et en ce cas la difficulté demeure toute entiere. Car dans la Triftefe il ny a point d'autre objet que celuy qui eft dans l'entendement lequel eftant tout à fait fpirituel ne peut paffer dans la nature des chofes corporelles.

De dire auffi que c'eft la fubftance de l'ame qui fait agir ces facultez, comme cela ne fe peut faire qu'elle n'ait la connoif-fance de l'ordre qu'elles doiuent garder en leurs actions, & qu'elle ne fçache parti-culierement la maniere dont l'appetit fe doit mouuoir en chaque paffion; il fau-droit que l'ame euft en foy-mefme la con-noiffance d'vne infinité de chofes & qu'elle les connuft par fa propre fubftance fans le fecours d'aucune faculté, ce qui ne fe trouue en aucun eftre creée, & qui eft re-ferué à la nature diuine. Cherchons donc quelque autre moyen plus plaufible par lequel le corps & l'efprit fe communi-quent l'vn à l'autre, le trouble qu'ils ref-fentent.

Pour ce fubjet il faut fe reffouuenir de

ce que nous auons dit cy-deuant, que l'obiet
de la Tristesse doit alterer la constitution
de l'ame & que cette constitution consiste dans les inclinations que la nature
luy a données. Or la premiere & la plus
forte inclination que l'esprit puisse auoir,
c'est pour la conseruation du corps auec
lequel il a vne liaison si estroite, qui est l'in-
strument de la plus part de ses actions &
qui compose auec luy vn tout à la subsistance duquel il est obligé comme à la
sienne propre. De sorte que ny ayant rien
qui soit si contraire à cette inclination que
la Douleur sensible, il s'ensuit que c'est vn
objet qui altere sa constitution naturelle
& qui doit par consequent luy estre fascheux & luy donner de la Tristesse. Et
certainement on peut dire de luy qu'estant
la plus noble & la plus excellente partie
de l'homme, il est comme le roy de cette
petite & merueilleuse monarchie, qu'il
ny arriue aucun desordre qui ne demande
ses soings & dont il ne doiue prendre connoissance. Ainsi la douleur estant le plus
grand que le corps puisse souffrir, il est

obligé d'y prendre garde , de s'en allar-
mer , & d'aller au secours des sens qui
sont les premiers qui en recoiuent les
atteintes. Or il ne luy est pas difficile de
connoistre le trouble qu'elle apporte
dans cette basse partie de l'ame , parce
qu'il void les phantosmes que l'imagination en a faites & qu'il en forme ses
idées, en quoy consiste toute sa connoissance.

C'est donc ainsi que les maux du corps
se communiquent à l'esprit, mais il n'en va
pas de mesme des maux de l'esprit à l'esgard du corps, d'autant que ce n'est pas par
le moyen de la connoissance que l'entendement les communique à l'ame sensitiue,
mais c'est immediatement par le mouuement que la volonté imprime dans l'appetit. Car il n'y a point d'inconuenient
que la volonté esmeuue l'appetit , parce
que le mouuement est commun aux choses
spirituelles & corporelles ; mais il y en
a que les pensées de l'entendement se
communiquent à l'imagination, parce
que ce sont des qualitez de diuers ordre

& qui n'ont aucune focieté enfemble.

Pour entendre cela il faut remarquer que la volonté à vn empire immediat fur toutes les parties de l'ame & du corps qui fe meuuent volontairement, car elle peut faire mouuoir les membres exterieures fans que l'appetit y interuienne ; n'eftant pas vray femblable que dans la refolution que l'entendement a prifé d'eftendre la main par exemple, il faille que ce mouuement fe faffe par les ordres de l'ame fenfitiue qui n'a aucune connoiffance de l'objet ny du motif de cette action. Or fi ell'a ce pouuoir fur les membres, à plus forte raifon l'aura t'elle fur l'appetit, qui eftant plus proche & plus mobile qu'ils ne font, luy doit eftre auffi plus foubmis, & partant elle le peut agiter & luy imprimer les mefmes mouuemens qu'elle s'eft donnée a elle mefme.

Cela eftant ainfi, quand elle fouffre l'efmotion de la Trifteffe, il n'eft pas neceffaire pour la communiquer au corps que l'imagination connoiffe l'objet de cette paffion ny le trouble que l'efprit reffent, parce que

cela est impossible : Mais la volonté excite
la mesme agitation dans l'appetit, & l'i-
magination qui la remarque se figure apres
vn objet & vn motif conforme à ce mouuement , & forme ainsi la passion complete de la douleur ; tout de mesme qu'elle
fait dans les songes, dans l'amour d'inclination & dans les passions que la musique inspire ; comme nous auons dit ailleurs. Car nous auons monstré que quand
l'ame remarque dans l'appetit ou dans les
esprits quelque mouuement qui est propre à vne passion , quoy qu'elle ignore
l'objet qui excite ce mouuememt, elle
s'en figure vn autre qui est proportionné
à ceste passion. C'est ainsi qu'vn homme
qui s'endort sur sa colere se represente en
dormant des ennemis & des combats,
parce que le trouble qui est demeuré dans
les esprits, est remarqué par l'imagination
qui se figure apres des objets conformes à
ce mouuement.

Il en est de mesme de la musique & de
l'amour d'inclination, car l'vne & l'autre
impriment des mouuements dans les es-

prits qui fe trouuant pareils à ceux des
paffions, font caufe que l'ame qui les reconnoift fe reprefente des objets qui font
propres à ces paffions, & forme ainfi les
paffions mefmes. Quoy qu'il en foit quand
l'imagination à reffenti l'efmotion que la
volonté a excité dans l'appetit elle fe figure vn objet tel qu'il le luy falloit pour
caufer cette paffion, & acheue ainfi la
douleur qui n'eftoit que commencée. Mais
c'eft vn objet vague & confus qui ne la
determine pas precifement ; c'eft pourquoy il arriue fouuent qu'en cét eftat on
ne fçauroit dire pourquoy l'on eft trifte
& quoy que l'on reffente le mal on ne peut
fpecifier quel il eft.

Cette communication neantmoins ne
fe fait que lors que la Douleur & la Trifteffe font grandes, car quand elles font
legeres & que le mal eft de petite confé-
quence, l'ame croid fe pouuoir mettre en
feureté par le feul mouuement de la partie qui eft attaquée fans y appeller le fecours de l'autre. Ainfi le corps ne fe reffent pas des petites afflictions qui tou-

chent l'esprit & celuy-cy ne s'esmeut pas pour les foibles douleurs que le corps souffre : Il faut pour les leur rendre communes qu'elles soient fortes & violantes & que l'ame iuge le mal si grand qu'elle croye qu'vne seule faculté ne l'en puisse garantir. C'est pourquoy dans les grandes Tristesses, elle ne se contente pas du mouuement que se donne la volonté, elle remuë encore l'appetit : & dans les fortes Douleurs elle agite non seulement la volonté & l'appetit sensitif, mais encore l'appetit naturel comme nous monstrerons cy-apres.

Pour reprendre les differences de cette passion, il y en à des deux principales la Tristesse & la Douleur. Soubs celle-là sont le *Chagrin, la Melancholie, L'ennüy, la Fascherie, le Deplaisir, & L'affliction.* Quelques vns y adjoustent *la Pitié, L'enuie, la Honte, & le Regret,* mais il est certain que ces dernieres sont des passions mixtes comme nous dirons en son lieu.

Le Chagrin est vne sourde & secrete Tristesse

Tristesse qui abbat l'esprit & qui luy rend toutes les choses fascheuses & importunes: Il peut naistre des afflictions où il est tombé quand il n'y pense pas, estant distrait ailleurs; ou quand apres qu'elles sont diminuées il en reste encore quelques ressentimens qui tiennent quelque temps l'ame abbatuë & comme lassée de la peine qu'ell'a soufferte. En tous ces deux estats on sent bien que l'on est triste, mais c'est vne tristesse sourde & secrete, en vn mot c'est le Chagrin.

Le plus souuent il vient de l'indisposition du corps soit par le deffaut de quelque éuacuation importante à la nature, comme quand les pores se bouchent qui empeschent la transpiration; car c'est-là peut estre vne des plus frequentes causes de ces chagrins inconnus qui nous arriuent : Soit par vne grande dissipation d'esprits, comme il arriue apres les grands trauaux de l'esprit & du corps : Soit par le vice des humeurs qui péchent en quantité ou en qualité, d'où vient qu'on dit qu'vn homme est en mauuaise humeur pour dire

qu'il eſt chagrin, parce que le vice des humeurs cauſe cét effect-là. Mais comme ces
humeurs ſont differentes, elles produiſent
auſſi de diuerſes ſortes de Chagrin : Celles
qui ſont acres & picquantes comme la
Bille le rendent inquiet, faſcheux, & bi-
zarre; les autres le font peſant, ſombre,
& reſueur. Quoy qu'il en ſoit l'ame qui
remarque toutes les choſes qui arriuent
extraordinairement au corps, connoiſt tous
les deſordres dont nous venons de parler
& reſſent l'incommodité qu'ils apportent.
Ainſi ce luy font autant d'objets faſcheux
qui la jettent dans la Triſteſſe; mais c'eſt
vne Triſteſſe legere, n'ayant qu'vne connoiſſance confuſe de ces objets, d'autant
qu'ils ne touchent que des parties dont le
ſentiment eſt obſcur & que la plus part ſe
rendent familiers à la nature par la couſtume. Car tout cela eſt cauſe qu'ils luy
paroiſſent peu faſcheux & que par conſequent elle ne fait pas de grands efforts pour
s'en eſloigner; c'eſt à dire que la Contraction qu'elle ſe donne n'eſt pas grande &
n'eſt, s'il faut ainſi dire, que ſuperficielle. Il

nous faudroit icy rendre raifon pourquoy
le Chagrin abbat l'efprit & pourquoy il
fait que toutes chofes luy paroiffent fafcheufes & importunes , mais cela appartient au difcours fuiuans.

La melancholie eft prefque la méme chofe
que le Chagrin, car c'eft auffi vne four-
de & fecrete Trifteffe; mais à parler proprement, elle eft de plus longue durée &
marque comme l'habitude du Chagrin:
Ell'a pris fon nom de l'humeur mélancho-
lique qui a accouftumé de produire cét effect, quoy que depuis on l'ait tranfporté à
toute forte de Chagrin de quelque caufe
qu'il vienne. La raifon pour laquelle l'humeur melancholique fait naiftre cette Trifteffe vient de ce qu'eftant naturellement
aigre & deuenant fouuent acre par l'adu-
ftion des humeurs dont ell'eft faite, elle
picque les veines & les autres parties où
ell'eft contenuë, & le fentiment que l'ame
en a, la jette dans le chagrin. A quoy contribuë encore fa froideur naturelle, la foibleffe qui l'accompagne & les vapeurs ma-

lignes qu'ell'exhale de temps en temps &
qui s'infinüent dans les parties nobles. Car
l'ame qui a connoiſſance de toutes ces choſes & qui ſent l'incommodité qu'ell'en
reçoit s'en afflige, & comme le mal eſt
continuel elle s'entretient continuellement
dans le Chagrin.

L'Ennuy eſt encore vne eſpece de Chagrin, mais il n'eſt pas facile de dire quel
il eſt, ny ce qui le fait naiſtre. Car il
ſemble qu'il vienne des bonnes choſes
auſſi bien que des mauuaiſes, on s'ennuye
eſgallement dans l'attente & dans la joüiſſance des biens ; Et quoy qu'en toute ſorte
d'Ennuy il y ait quelque choſe de faſcheux,
tout ce qui eſt faſcheux ne cauſe pas
pourtant cette paſſion. Neantmoins ſi
l'on prend garde qu'il n'y à que la longue attente & la longue joüiſſance qui
font naiſtre l'ennuy ; que les choſes qui de-
plaiſent quoy que d'abbord elles donnent
du chagrin, n'ennuyent iamais, ſi elles ne
continuent & ne durent quelque temps ;
& que les maux meſmes quelques grands

& longs qu'ils foient, fi on ne fait reflexion
fur leur durée ne caufent point l'Ennuy,
mais feulement la Trifteffe, la Crainte où
le Defefpoir : Si dije on confidere toutes
ces chofes, on jugera que la longueur
du temps fait la principale difference de
cette paffion & qu'il y a quelque mal en
elle qui caufe l'efmotion dont l'ame eft a-
lors agitée.

Pour le découurir il faut remarquer
que les chofes les plus aggreables donnent à la fin du degouft, foit parce que la
plus part ne font bonnes qu'en certaine
mefure & en certains temps, hors lefquels
elles ne font plus conformes à la nature,
comme font celles qui caufent le plaifir
des fens; Soit parce que l'ame ayme naturellement la nouueauté & que ne la trouuant plus dans vn objet où elle s'eft ap-
pliquée long-temps, elle n'y trouue plus
auffi la fatisfaction qu'ell' y auoit euë, &
en prend en fuite le degouft, & le hait
enfin comme les autres chofes qui font
fafcheufes d'elles mefmes. Or quand elle
vient à faire reflexion fur la durée des vnes

& des autres, ell' adjoufte à fon premier
Chagrin, celuy que cette longueur luy
donne & tombe en fuite dans le defpit
d'auoir fi long-temps fouffert & dans la
crainte que le mal continuë : d'où naiffent
apres l'impatience, l'inquietude & la langueur qui fe remarquent dans *l'Ennuy*. De
forte qu'on peut dire que *l'Ennuy eft vn*
certain chagrin inquiet qui vient à l'ame de
la trop longue durée des chofes qui luy font
defagreables. C'eft pourquoy il n'y a que
deux moyens qui le puiffent diffiper, La
Diftraction d'efprit, & la Perfeuerance.
Cellecy fortifie l'ame contre les difficultez que la longueur du temps apporte ;
l'autre la détourne des penfées qui caufent fon Chagrin l'appliquant à d'autres
objets qui luy en font perdre le fouuenir
& le reffentiment, comme font les diuertiffemens & les occupations ferieufes. Or
quoy que ce foit là le veritable fens du mot
d'Ennuy on n'a pas laifsé de le tranfporter
à toutes fortes de fafcheries & d'afflictions.
Car on dit qu'vn homme eft accablé d'en-
nuis pour dire qu'il a de grandes afflictions.

Et cela eſt venu ſans doute de ce qu'il n'y
a point de déplaiſir qui n'ennuye, quand
on fait reflexion ſur ſa durée, & qu'il n'y
a point de mal ſi court qui ne ſemble trop
long.

La Faſcherie eſt vne eſpece de Triſteſſe
qui eſt entre le Chagrin & l'Affliction;
car ell'eſt plus viue & plus ſenſible que le
Chagrin & l'eſt moins que l'Affliction, &
meſme n'eſt pas de ſi longue durée qu'eſt
l'vn & l'autre. Car on ne dira gueres qu'vn
homme ſoit faſché quand il reſſent cette
ſourde & lente Triſteſſe qui forme le Chagrin & la melancholie, non plus que lors
qu'il eſt tombé en quelque grand déplaiſir en quoy conſiſte l'Affliction: Mais on entend toûjours par là qu'il luy eſt ſuruenu
quelque mal qui le touche ſenſiblement,
mais qui ne doit pas eſtre de longue dü-
rée. Or quoy que le deſir de vangeance ſe
meſle ſouuent auec elle & qu'alors elle
faſſe cette eſpece de colere où la douleur
eſt plus forte que le deſir de ſe vanger,
d'où vient qu'on dit qu'vn homme eſt fâ-

ché pour dire qu'il eſt en colere: Neantmoins il eſt certain qu'on dit auſſi que
l'on eſt faſché de la mort d'vn amy, de la
perte de quelque choſe où il ne ſe trouue
aucun ſubjet de colere & par conſequent
c'eſt vn terme qui appartient abſolument
à la paſſion de la douleur, mais qui ne ſe
dit que des perſonnes.

Le Deplaiſir eſt vne ſorte de Triſteſſe
qui vient ordinairement des cauſes exterieures & morales, car on ne dit gueres
qu'on ait du déplaiſir pour les maladies &
pour les autres incommoditez corporelles
que l'on ſouffre, quoy que l'on puiſſe dire
qu'on en eſt affligé;mais dans ce ſens il con-
uient à toute ſorte de Triſteſſe grande ou
petite, de longue ou de courte durée; Car
il y a de grands & de petits déplaiſirs, &
les Faſcheries auſſi bien que les Afflictions
peuuent eſtre appellées de ce nom là.

L'Affliction eſt vne grande & forte Triſteſſe, & quoy que ce mot ſe prenne ſouuent pour la cauſe qui la doit produire,
comme

comme quand on dit d'vn homme ou d'vne famille qui a fait quelque grande per- te qu'ell'eſt en affliction ; il eſt certain qu'il marque toûjours la grandeur de la Tri- ſteſſe ou du ſubjet qui la doit exciter. Auſſi dementiroit-il ſon origine s'il n'auoit ce ſens là, puiſqu'il eſt venu d'vn mot latin qui ſignifie abatre à force de coups : com- me ſi l'on vouloit dire que le mal eſt ſi grand qu'il n'attaque & ne bleſſe pas ſeu- lement l'ame ; mais qu'il l'abbat & qu'il l'accable.

Ce ſont-là les principales differences de la Triſteſſe. Il faut voir maintenant celles de la douleur, car il ny en a pas vne qui ne faſſe vn charactere particulier de cette paſſion ; de ſorte que c'eſt autant auancer noſtre deſſein que d'en examiner la nature & les cauſes. Les plus conſiderables ſont la *Douleur Aiguë*, la *Picquante*, la *Tran- chante*, la *Cuiſante*, la *Tenſiue*, la *Peſante*, l'*Endormie*, la *Sourde*, la *Demangeaiſon*, l'*A- gacement*, le *Chatoüillement*, *&* la *Laſſitude*.

Pour bien diſtinguer toutes ces ſortes
P

de Douleurs il faut confulter la Medecine
qui les a examinées auec foin, & accommoder autant que nous pourrons fes aduis
à l'vfage de noftre langue qui non plus
que toutes les autres ne fuit pas toûjours
les regles & les maximes des fciences. Il
faut donc fçauoir que les Medecins qui
confiderent principalement les caufes des
maladies pour les chaffer, & les parties où
elles font pour y appliquer iuftement les
remedes, ont tiré toutes les principales
differences de la Douleur, des Caufes qui la
produifent & des Parties qui en font attaquées. Les Caufes font l'intemperie & la
folution de continuité : Celle-cy fe fait par
des chofes qui diuifent manifeftement les
parties ou qui les meurtriffent, ou qui les
eftendent, ou qui les preffent : Soit qu'elles
viennent de dehors ou qu'elles s'amaffent
au dedans du corps, comme font les humeurs, les vapeurs & autres matieres qui
font propres à produire ces effets. Les
Parties font celles qui font fenfibles, car
celles qui ne le font pas, comme les os &
les cartilages ne fouffrent aucune douleur.

Mais de celles qui font fenfibles, il y en a
qui ont le fentiment fort delicat, comme
les membranes , les nerfs, & les chairs;
il y en à d'autres qui l'ont obfcur comme
les veines, les arteres & les vifceres

Ce fondement eftant prefuppofé *les Douleurs Aigües* & Poignantes font celles qui
font les plus viues & les plus fenfibles de
toutes, & que l'on a appellées ainfi parce
qu'elles font penetrantes & qu'il femble
qu'elles percent & qu'elles penetrent l'ame.
Et mefme à proprement parler le fentiment
qu'elles caufent doit eftre ramaffé en peu
d'efpace comme font les corps aigus, d'où
vient qu'on les a reftraintes aux mébranes,
comme à celles qui feules font fufceptibles
de cette forte de Douleur, non feulement à
caufe de leur fentiment tres-exquis, mais
auffi à caufe de la confiftence ferme &
compacte qu'elles ont qui empefche que
la bleffure qu'elles fouffrent ne s'eftende
au large.

La Douleur Picquante eft auffi vne forte
de Douleur tres-fenfible qui approche fort
de l'aigüe, mais ell'eft commune à toutes

les parties qui ont le fentiment delicat; car les chairs la peuuent fouffrir auffi bien que les membranes. Il femble qu'elle n'eft pas de fi longue durée, & que ce mot ne fignifie qu'vne Douleur qui fait fon coup promptement ou par de foudaines reprifes.

La Douleur Tranchante n'eft point differente de l'aiguë quant à la viuacité du fentiment, car c'eft comme vne Douleur aiguë qui contient plus d'efpace & qui occupe plufieurs parties que l'on fe fent trancher ou defchirer : telle eft celle des femmes qui accouchent & de ceux qui ont la dyfenterie ou la colique; C'eft pourquoy on appelle leurs Douleurs, des Tranchées.

La Douleur Cuifante eft viue comme les precedentes, mais ell'eft accompagnée d'vn fentiment de chaleur qui picque, & enflamme les parties. Cette chaleur vient de dehors ou des humeurs acres & fubtiles qui coulent fur elles : C'eft pourquoy les Playes ne cuifent pas d'abord, mais quelque temps apres, quand les efprits & les ferofitez acres les ont efchaufées. Le

froid excite aussi le mesme sentiment, non
seulement par sa qualité mordicante, mais
encore parce qu'il resserre les pores, & empesche que la chaleur & les serositez ne
s'exhalent qui deuiennent par consequent
plus acres & plus picquantes. Or quoy
que ce soit là le sens propre & veritable
de ces quatre termes, on ne laisse pas de
les confondre quelquefois & on s'en sert
indifferemment pour exprimer la violance
de la Douleur, de sorte que l'on appelle-
ra vne douleur Tranchante, Cuisante ou
Picquante pour dire qu'ell'est vehemente
& tres sensible.

Il y a vne sorte de Douleur qui naist
de l'extension immoderée des Parties que
l'escole appelle *Tensiue* qui est propre à
celles qui se peuuent estendre, telles que
sont principalement les membraneuses,
quand par la quantité des matieres qu'elles contiennent, ou par quelque violance
elles viennent à souffrir vne plus grande
extension que leur constitution naturelle
ne demande. Or quoy que cette Douleur
soit grande, ell'est neantmoins supporta-

ble quand l'extenfion ne va pas iufques à
la diuifion des parties & on fent bien qu'il
y a quelque chofe qui les tire de force &
qui les eftend : mais quand elles font di-
uifées, l'ame n'a plus le fentiment de la
tenfion & ne fent plus d'autre Douleur
que l'Aiguë où la Tranchante, comme il
arriue dans les fortes Coliques. Car il eft
certain que dans ces violantes extenfions
il y a fouuent des fibres qui fe rompent &
fe caffent encore que les yeux n'en remarquent pas la rupture.

La Douleur Pefante vient de la quantité des matieres qui chargent les Parties & principalement les vifceres dont
le fentiment eft obfcur. Tell'eft celle
que fouffrent le poulmon, le foye, la
rate & les reins, quand elle ne va pas
iufques aux membranes qui les couurent. A bien confiderer la nature de cette
Douleur, il y entre quelque chofe de la
Douleur tenfiue; Car le poids des matieres n'eft douloureux que parce qu'il preffe
les parties & les pouffe en bas, & qu'en
preffant celles fur lefquelles il tombe, &

tirant les autres qui y sont attachées, il
faut necessairement qu'il les estende toutes : Et le sentiment que l'ame en a auec
celuy de la pesanteur, cause la Douleur
Pesante.

Toutes les Douleurs dont nous venons
de parler se meslent souuent l'vne auec
l'autre : pour l'ordinaire dans les Playes on
sent la Douleur tranchante & la cuisante :
dans les Vlceres la picquante & la cuisante : dans la Grauelle la pesante & l'aiguë : Mais dans les Inflammations elles se
trouuent toutes ensemble. Car l'Aiguë &
la Picquante viennent de l'acrimonie de
l'humeur qui picque les membranes ; la
Tranchante de la diuision des chairs qui
se deschirent ; la Cuisante de la chaleur en-
flammée qui brusle les parties ; la Pesante
& la Tensiue de la quantité de l'humeur
qui s'y est amassée.

La Douleur Endormie arriue aux parties sensibles, quand apres auoir esté quelque temps priuées de l'influence des esprits
elles sentent qu'ils y retournent auec impetuosité ; Car comme ils font effort pour

repaſſer, ils percent les chairs & les pic-
quotent, & ſelon que leur violance eſt plus
grande ou plus petite on ſent vn epicque-
ment dans les membres ou vn ſimple fourmillement comme ſi quantité de fourmis
paſſoient par deſſus.

La Douleur Sourde eſt celle qui ſe fait
auec vn ſentiment obſcur ſoit que les parties ſoient peu ſenſibles, ſoit que la cauſe
en ſoit fort legere & peu agiſſante.

La Demangeaiſon eſt vne certaine Douleur où l'on ſe ſent picquoter les parties exterieures auec quelque ſorte de chatoüillement : de ſorte que la cauſe n'en doit pas
eſtre fort violante & doit pluſtôt irriter le
ſens du Toucher que le bleſſer viuement.
C'eſt pourquoy le progrez que fait le ci-
ron dans les chairs fait demangeaiſon,
parce que la diuiſion qu'il cauſe eſt ſi petite & ſe fait ſi lentement que cela n'eſt
preſque pas conſiderable à la nature :
Et entre les qualitez c'eſt ordinairement
la ſalée qui produit cet effet, laquelle n'eſt
pas ſi actiue ny ſi penetratiue qu'elle puiſſe
faire vne Douleur aigüe. Souuent meſme

apres

apres que l'acrimonie des humeurs s'eſt diminuée elle laiſſe le prurit & la demangeaiſon ſur les parties douloureuſes & fait
voir euidemment que ce n'eſt pas l'effect
d'vne cauſe fort vehemente, mais mediocre en ſa vertu & en ſon mouuement.
Quoy qu'il en ſoit cette ſorte de Douleur
eſt accompagnée de plaiſir quand on frote
les lieux ou l'on la reſſent, parce que la
friction moderée fait ſortir l'humeur en
ouurant les pores & la rendant plus ſub-
tile ; Et que toute euacuation qui déchar-
ge la nature eſt agreable : Mais ſi ell'eſt
trop forte, apres le plaiſir, elle fait naiſtre le repentir, parce qu'elle déchi-
re la peau & eſchauffe l'humeur qui cauſe
vne Douleur tranchante & cuiſante tout
enſemble.

L'Agacement eſt vne Douleur toute particuliere aux dens qui vient de l'vſage des
choſes acides ou de la cheute de quelque
humeur qui a cette qualité, ou de certains
ſons aigres qui ſurprennent l'oreille. Car
comme il n'y a rien qui ſoit ſi contraire

Q

aux nerfs que l'acidité, quand celuy qui
est à la racine des dens en a esté touché,
il se resserre subitement pour fuïr cet ennemy : Et cette contraction produit deux
effects ; l'vn qu'elle cause vne certaine
Douleur dans le nerf à cause de l'extension qu'il souffre estant tiré trop fort; Et
l'autre qu'elle stupefie les dens empeschant
que les esprits ne coulent si librement dans
ces parties, en quoy consiste l'agacement.
Or les sons aigres font souuent la mesme
chose , car comme ils blessent l'oreille,
l'ame qui veut fuïr ce fascheux objet se
resserre, & resserre aussi le nerf qui sert à
ce sens là : Et parce qu'il y a quelquesvns
de ses rameaux qui descendent iusques à
la racine des dens, ils souffrent la mesme
contraction que les choses acides y causent ; d'ou vient aussi la mesme Douleur.

Le Chatouïllement n'est pas vne espece
de Douleur ce n'en est que la cause, car
c'est vn attouchement leger & delicat de
certaines Parties qui leur donne vn sentiment fascheux, dont la nature est aussi

difficile à exprimer que la caufe en eft
obfcure & cachée. Il y en a de deux fortes l'vn qui fe fait en des Parties ou y a
beaucoup de nerfs & de tendons qui font
par confequent fort fenfibles, comme font
les aiffelles, le deffaut des coftes, la plante
des pieds & quelques-autres, lefquelles
eftant chatoüillées excitent le ris & mef-
lent ainfi le plaifir auec la douleur. L'autre fe fait par tout ailleurs, quand la peau
eft touchée fort legerement, & principalement fi c'eft auec vn feftu ou autre chofe femblable.   Celui-cy n'excite point le
riz & ne laiffe qu'vne efpece de fourmillement fur la partie qu'on ne peut fupporter qu'auec peine.   Ce n'eft pas icy le
lieu d'examiner pourquoy le Chatoüillement fait rire, nous auons trauaillé à cela
au chap. du Riz: il eft feulement queftion
de fçauoir comment il caufe de la douleur.
Car il femble qu'il n'y a point là d'objet fâcheux qui la puiffe faire naiftre; l'attouchement qui s'y fait bien loing de bleffer le fens,
le flatte; il n'y a point de qualité qui foit capable de l'alterer , & il n'y a aucun mal à

Q ij

craindre, du moins quand il n'excite point
le Riz. Car il eſt vray qu'en celuicy l'ame qui
ſçait les mauuais accidens qu'il peut apporter, le regarde comme vn mal tres-fâcheux,
dont elle preuoit & apprehende les mauuais
effets. C'eſt pourquoy il n'eſt pas toûjours
neceſſaire que l'on ſe ſente Chatoüiller les
coſtez pour ſouffrir la Douleur qui en
vient, il ſuffit que l'on ſe voye preſt de l'é-
tre, & meſme que l'on en ſoit ſeulement
menacé : Mais dans l'autre, il faut que
l'attouchement ſe faſſe en effet pour cauſer ce faſcheux ſentiment dont nous parlons.

Dirons nous donc comme quelques
vns ont fait, que ce ſont les eſprits qui accourent aux parties Chatoüillées, qui les
percent & les picquent, comme ils font
dans la Douleur endormie, d'ou vient le
fourmillement qu'on y reſſent. Mais quoy!
n'y accourent-ils pas quand on les touche plus fort ? & puiſque le ſentiment eſt
alors plus vif & plus exact, n'y doiuent-
ils pas venir plus promptement & plus
abondamment ? Cependant leur abbord ne
donne alors aucune incommodité, & ne

caufe point cette alteration importune
que le Chatoüillement laiffe fur les parties.
D'affeurer auffi qu'elle vienne de la furprife où fe trouue le fens par cét attouchement impreueu, & qu'elle caufe vne émotion dans la partie , qui en rend le fentiment fâcheux : outre que la mefme furprife fe peut rencontrer dans vn plus fort
attouchement , fans donner cette incommodité ; cette raifon peut eftre bonne
pour le Chatoüillement qui excite le
Riz , où il faut que l'ame foit deceuë &
furprife , comme nous auons dit ailleurs;
d'où vient qu'on ne fe peut chatoüiller
foy-mefme de cette forte , parce que l'on
ne fe furprend point foy-mefme ; Mais
dans celuy-cy , la tromperie ny la furprife ny font rien , chacun peut fe chatoüiller foy-mefme , & fe donner ce fourmillement & cette demengeaifon incommo-
dè dont eft queftion.

Il y a donc plus d'apparence de dire que
cela vient de ce que l'objet n'eft pas proportionné à la puiffance, l'impreffion qu'il
y fait n'eftant pas affez forte , & ne s'v-

niſſant pas auec elle autant qu'il faut pour
faire vne juſte ſenſation. Car comme les
objets viſibles qui ſont trop petits ou trop
éloignez , donnent de la peine aux yeux,
& laſſent la veuë ; quand ceux du Toucher ont les meſmes deffauts , ils donnent
auſſi la meſme peine au ſens : ɛt il eſt certain que cét attouchement leger & ſu-
perficiel qu'il ſouffre dans le Chatoüille-
meut , eſt à ſon égard ce que les objets
trop éloignez ſont à l'égard de la veuë:
Or toute peine eſt faſcheuſe à l'ame , c'eſt
pourquoy les diſcordances ne luy ſont desagreables que parce qu'elle a de la peine à
comparer les ſons dont elles ſont compoſées , & cette peine vient de ce qu'ils ſont
trop eſloignez l'vn de l'autre , comme nous
auons montré au Traité de l'Iris. Comme
le ſens a donc de la peine à reconnoiſtre
l'objet qui le touche imparfaitement, l'a-
me fait effort pour s'en approcher , & répand les eſprits qui errent comme elle aux
lieux ou l'attouchement ſe fait. Mais
voyant que tout cela eſt inutile , elle ſe
trouble & juge ce ſentiment faſcheux. Et

de fait, si-tost que l'on a touché plus fort l'endroit qui a esté chatoüillé, ce sentiment se perd, parce que l'ame & les esprits se calment à l'abbord d'vn objet qui fait vne sensation juste & naturelle.

La Lassitude est plustost vne cause ou vn effet de la Douleur, que la Douleur mesme, quoy qu'on l'ait mise au rang des Douleurs. Car l'vne est vne impuissance de se mouuoir qui vient ou de la dissipation des forces, ou des humeurs qui empeschent le mouuement des parties qui sont affoiblies, & qui ne se peuuent mouuoir sans peine & sans incommodité. L'autre est vn effet de la Douleur : car elle ne vient qu'à cause que les membres souffrent du mal en se remuant, de sorte qu'ils ont bien la force de se mouuoir; mais ils n'osent s'y engager, parce que leur mouuement est douloureux. Celle-cy est de trois sortes selon le vice des humeurs qui la causent : car si elles pechent seulement en quantité, elles produisent la lassitude qu'ils appellent Tensiue, dans laquelle on sent vne douleur pesante quand on remuë les membres. Mais si elles sont âcres & picquantes elles font la lassitude qu'on nomme vlcereuse, parce qu'en se remuant, il semble qu'on ait des vlceres dans les parties, & que l'on sente comme des espines qui les picquent. Que si auec cette mauuaise qualité elles sont abondantes, elles s'échauffent facilement & causent outre les deux precedentes douleurs celle que la chaleur excite; de sorte qu'elles produisent la douleur tensiue, la picquante, & la cuisante, qui toutes ensemble font la douleur & la lassitude qu'ils appellent phlegmoneuse, parce qu'ell' est telle dans les inflammations. Quelquesfois mesme il semble qu'on ait les os rompus & brisez, quand ces humeurs se respandent sur les membranes qui couurent les os.

Il y a encore des douleurs Grandes, Fortes & vehementes; & de Petites, Foibles ou legeres : Il y en a de Profondes & de Superficielles; de Fixes & d'Errantes, de Con-

Continuës & de Paſſageres. Il y a enfin les
Douleurs particulieres de chaque membre,
comme la Douleur de teſte, des yeux, &c.
Mais toutes ces differences ſont eſloignées
& preſuppoſent touſiours les autres : car
vne forte ou vehemente Douleur eſt ne-
ceſſairement ou aiguë, ou cuiſante ou
tranchante, & ainſi du reſte : Et par conſequent elles ne ſont pas ſi propres ny ſi
exactes que les premieres. Ioint qu'elles
ſont ſi faciles à comprendre que le ſeul
nom qu'elles portent en fait connoiſtre
parfaitement la nature. Il reſte neantmoins
quelque difficulté touchant les Grandes &
les Petites Douleurs : car il n'eſt pas facile d'abord de dire en quoy elles conſi-
ſtent, ny quelles en ſont les cauſes.

A parler exactement, la Grandeur & la
Petiteſſe de la Douleur, ſe doit meſurer
par la violance & par la foibleſſe du mouuement de l'appetit, parce que c'eſt en ce
mouuement que conſiſte cette paſſion. Et
il eſt certain que pour l'ordinaire ce mouuement eſt proportionné au jugement que

R

la faculté Eſtimatiue fait de l'objet faſcheux
& que ce jugement auſſi eſt conforme à
l'alteration que ſouffre le ſens. Car c'eſt
l'ordre naturel que l'ame garde en cette
paſſion, que le ſens eſtant bleſſé, l'Eſtimatiue doit connoiſtre iuſtement combien
cela eſt important & dangereux à l'animal ; & ſelon le jugement qu'elle en fait,
l'appetit s'eſmeut conformement à ſa connoiſſance & s'agite d'vn mouuement violant ou foible à proportion que le mal luy
paroiſt plus ou moins dangereux. Or ſi
cet ordre s'obſeruoit touſiours il n'y auroit
point de peine à découurir en quoy con-
ſiſteroit ny ce qui cauſeroit la grandeur
veritable de la Douleur : car il ne faudroit
que conſiderer la nature de l'alteration pour
aſſeurer combien elle ſeroit faſcheuſe &
combien elle deuroit eſmouuoir l'appetit.
Mais il arriue bien ſouuent que cette proportion n'eſt pas gardée, & que la Douleur eſt plus grande ou plus petite que
n'eſt cette alteration. En effect il y a des
perſonnes qui ſe figurent inceſſamment
les maux qu'ils ſouffrent plus grands qu'ils

ne font & à qui les moindres Douleurs
font infupportables : au contraire il y en a
qui fe les imaginent toufiours moindres
& qui diminuent mefme le reffentiment
& la Douleur que les plus violans leur·
peuuent caufer. Il n'eft pas mal aysé de
dire pourquoy cette paffion ne refpond
pas toufiours à l'alteration que fouffre le
fens, parce que ce n'eft pas le fens qui connoift le mal comme mal, c'eft la faculté
Eftimatiue qui adjoufte à la connoiffance
des objets les notions de mauuais & de
fafcheux, comme nous auons dit cy-deuant. De forte que felon la difpofition où
fe trouue cette faculté elle conçoit les chofes plus ou moins fafcheufes, & felon le jugement qu'ell'en fait, l'efmotion de l'appetit eft plus forte ou plus foible & par confequent la Douleur plus grande ou plus
petite.

La difficulté eft donc de fçauoir d'où
procede cette differente difpofition. Souuent elle vient de l'empefchement où fe
trouue cette faculté foit par la diftraction
où elle fe laiffe emporter, foit par les ma-

ladies qui la mettent en defordre. C'eſt
pourquoy vne forte application d'eſprit
empeſche qu'on ne ſente le mal, & ceux
qui ont l'eſprit troublé ne l'apperçoiuent
pas ou ſe le figurent plus grand qu'il n'eſt.
Mais hors ces empeſchemens cette diſpoſition ne peut venir d'ailleurs que du ſecret
ſentiment que l'ame a de la force ou de la
foibleſſe du corps. Car l'vne & l'autre ne
luy eſt pas inconnuë; ell'eſt jointe de trop
prez auec luy pour ne voir pas les vertus
& les deffauts qu'il a, & comme c'eſt ſon
organe, elle ſçait à peu prez ce qu'elle peut
& ce qu'elle ne peut faire par ſon moyen.
Quand donc elle le reconnoiſt foible, elle
juge qu'il eſt expoſé à toutes ſortes d'iniures, que les moindres deſordres le peuuent
à la fin d'eſtruire, & que meſme les maux
ne ſont pas tant à redouter par la puiſſance
qu'ils ont d'agir que par l'impuiſſance où il
eſt de leur reſiſter. De ſorte qu'elle adjou-
ſte au ſentiment du mal preſent la penſée
du danger à venir & le deſeſpoir de s'en pouuoir garantir, & forme ainſi vne idée du
mal plus faſcheuſe qu'il n'eſt en effect, d'où

naiſt apres vne Douleur plus grande & plus
violante que n'eſt l'alteration qu'il ſouffre.
Tell'eſt celle que reſſentent les Melancholiques & les vieillards, ceux qui ont le corps
delicat & ſubjet aux maladies, & principalement les naturels mols &effeminez; parce
que toutes ces ſortes de perſonnes ayant
peu de force & peu de courage, ne croyent
pas pouuoir ſupporter les maux par leur
foibleſſe & n'oſent ſe roidir contr'eux par
leur laſcheté. Or il n'y a rien qui accroiſſe
tant la violance de la Douleur que lors
qu'on s'y abandonne, & qu'on laiſſe aller
l'ame ou elle ſe precipite ſans faire aucun
effort pour la retenir, comme nous dirons
plus amplement cy-apres.

Mais quand l'ame ſent le corps fort &
robuſte elle ſçait auſſi qu'il eſt en eſtat de
reſiſter à la plus grande part des maux &
qu'il ne peut ſuccomber ſous leur violance
qu'il ne s'en releue apres ſans aucun peril.
C'eſt pourquoy elle ne ſe les figure iamais ſi grands qu'ils ſont, & s'ils luy cauſent quelque Douleur, elle la ſupporte con-
ſtament ſe roidiſſant contr'elle, & empes-

chant ainſi ſon mouuement & ſes progrez
comme nous auons môtré au ch.de la Con-
ſtâce. Il eſt vray que la vertu & le vice changent ſouuent ces inclinations naturelles &
qu'il arriue ſouuent qu'vne vie molle&effe-
minée corrompt les ſentimens que la force
du corps a accouſtumé d'exciter dans l'ame:
et qu'aucontraire la Raiſon fortifie les na-
tures foibles & delicates & leur donne les
meſmes penſées & les meſmes mouuemens
que la plus vigoureuſe conſtitution leur
pourroit inſpirer. Mais en quelque façon
que cela arriue on peut touſiours dire que
ſi ce n'eſt la force du corps, c'eſt celle de
l'ame qui diminuë le ſentiment des maux,
comme c'eſt ſa foibleſſe qui les augmente
& qui les rend plus difficiles à ſupporter.

Or ce que nous venons de dire de la Douleur corporelle ſe peut appliquer à la Triſteſſe de l'ame, car ell'eſt grande ou petite
de la meſme façon & pour les meſmes raiſons que l'autre. Et s'il y en a quelqu'vne
qui ſoit plus violante & plus legere qu'elle
ne deuroit, c'eſt pour les meſmes cauſes

que nous auons apportées, car la faculté
Estimatiue se peut tromper au jugement
du mal que l'ame souffre, estant troublée
ou distraite, ou estant preoccupée du senti-
mét que l'ame a de sa force ou de sa foiblesse.

Le principe que nous venons d'establir
nous seruira encore à descouurir ceux qui
font les plus subjets à ces passions & à rendre raison de l'inclination qu'ils y ont.
Car s'il est vray que la foiblesse soit plus
exposée aux iniures & qu'elle sente les
maux plustost & plus fort que tout autre
constitution, il faut de necessité que ceux
où elle se trouue soient plus susceptibles
de la Tristesse & de la Douleur, qui font les
effects ou les suites du sentiment du mal.
En effect qui considerera d'vn costé que
les melancholiques, les vieillards, les Femmes, les malades & ceux qui ont le corps
delicat ; et de l'autre que les hommes coleres, les timides, les enuieux, les mal-
heureux & les miserables font les plus
subjets à ces passions, ne trouuera point
de cause commune de cette inclination

Qui font
ceux qui ont
inclination à
la Tristesse.

commune que la foiblesse qu'ils ont.

On n'en peut douter pour les premiers que l'on sçait auoir peu de chaleur naturelle qui est le principe de la force & du courage. Et pour les hommes coleres & les timides, outre que les passions ausquelles ils sont enclins ne se forment jamais sans Douleur, elles supposent tousiours quelque foiblesse naturelle; car les hommes forts & hardis se mettent rarement en colere & ne craignent rien.

Quant aux enuieux, aux mal-heureux, & aux miserables, s'ils n'ont pas la foiblesse de la nature, ils ont tousiours celle de la fortune, c'est à dire qu'ils manquent de biens, d'amis & de puissance, & souffrent par consequent les maux qui accompagnent ordinairement la priuation de ces choses. On peut mesme dire qu'encore que la disposition à la Douleur corporelle vienne de la delicatesse du sentiment, neantmoins cette delicatesse est vne marque de la foiblesse du corps : car le toucher pour estre exquis & delicat demande vne constitution du cuir & des chairs, qui soit

molle

molle & tenuë; ce qui ne se peut accorder auec la force & la vigueur du corps dont la composition est ferme & solide, comme nous auons dit au chapitre de la Hardiesse.

La Foiblesse est donc la cause generale de l'inclination que l'on a à la Tristesse & à la Douleur. Il y en a d'autres particulieres qui se ioignent auec elle, comme la melancholie en ceux où ell'abonde; car cette humeur picquant incessamment les parties par son acidité ou par son acrimonie & exhalant à tous momens des vapeurs malignes dans les arteres & dans les parties nobles, elle inspire vn chagrin continuel à l'ame & la dispose à receuoir tous les objets pour peu fascheux qu'ils soient, comme si c'estoient de grands maux : Souuent mesme les plus agreables luy sont importuns, comme si la mauuaise humeur où ell'est, les infectoit en passant & leur imprimoit la mesme qualité qu'ell'a. Et cette raison est commune aux malades, aux vieillards, aux mal-heureux & aux miserables; car ayant l'ame abbatuë & vlcerée par les incommoditez ou par les trauerſes qu'ils ſouffrent, tout ce qui leur arriue s'aigrit & ſe corrompt par le ſentimét qu'ils ont de leurs maux ordinaires, de ſorte que les choſes agreables leur deuiennét faſcheuſes & les faſcheuſes ſe rendent plus pícqüantes.

L'exemple & la Couſtume contribuent encore à cette inclination, car de toutes les paſſions il n'y en a point qui ſoit ſi contagieuſe que la Triſteſſe, ſoit parce que la compaſſion eſt naturelle à l'hommé, & qu'on ne voit gueres vne perſonne affligée ſans compatir à ſa Douleur : ſoit parce que les objets qui excitent cette paſſion ſont en plus grand nombre & plus preſts d'agir que ceux qui font naiſtre les autres : D'où vient que l'ame qui en ſouffre plus ſouuent les atteintes s'accouſtume à l'eſmotion qu'elles cauſent & ſe rend ainſi plus ſuſceptible de la Triſteſſe. Car c'eſt vn effect ordinaire de la couſtume pour toutes les actions, de donner vne inclination & vne facilité à les faire : c'eſt pourquoy elle change les paſſions en vertus ou en vices, & il ne faut pas douter que celle

dõnt nous parlons ne paſſe en habitude
comme toutes les autres.

Quel eſt le Mouuement des Eſ-
prits & des Humeurs dans
la Douleur.

TROISIESME PARTIE.

APRES auoir tant de fois aſſeuré que
dans les Paſſions le mouuement des
Eſprits eſt cóforme àceluy de l'ame,
il ſemble que nous n'aurons pas grand'-
peine à dire comment ils s'eſmeuuent en
celle-cy, puiſque nous auons fait voir que
dans la Douleur l'ame ſouffre deux mouuemens, l'vn qu'ell'emprunte de la Hayne
dont cette paſſion eſt touſiours accompagnée par lequel l'appetit ſe ſepare & s'é-
loigne du mal ; ET l'autre qui eſt propre à
la Douleur par lequel il ſe reſſerre & rentre confuſement en luy-meſme. Car il s'enſuit de là que les Eſprits ſont agitez des
meſmes mouuemens en cette Paſſion ; qu'ils

s'enfuient & fe retirent au cœur; ET qu'ils
fe refferent en eux mefmes auec empreffement & auec confufion.

Et certainement il ne faut pas douter
qu'ils ne fouffrent ces deux fortes d'agitation dans la Trifteffe, puifque le vifage y
paflit & s'abbat, qu'on fe fent le cœur
ferré, qu'on perd le courage & que le pouls
y eft petit, eftroit & languiffant, qui font
tous des effects de la fuite & de la contraction des Efprits.

Neantmoins on ne peut pas dire la méme
chofe de la Douleur corporelle. Comme fi
elle iettoit la rebellion dás les Efprits, au lieu
de fuiure les deffeins & les commandemens
de l'ame, ils ont des mouuemens tout contraires aux fiens, & bien loing de fuïr &
de fe retirer comm'elle, ils s'eflancent en
dehors fur les parties exterieures. Car nous
voyons que la plus-part des grandes Douleurs font d'abbord rougir le vifage; que
lors qu'elles font ietter des larmes, les
yeux, le nez & les levres s'enflent & deuiennent rouges; & qu'en-fin par tout où
elles fe font fentir elles y portent la rou-

geur, la tumeur & l'inflammation. Ce qui
ne peut arriuer que par l'abbord du sang
qui coule extraordinairement en ces parties, & qui n'y peut estre conduit que par
les Esprits, comme nous monstrerons cy-
apres:

La difficulté est donc de sçauoir comment la Tristesse & la Douleur qui font
dans l'ame vn mesme mouuement & par
consequent vne mesme passion, causent
dans les Esprits & dans les humeurs des
mouuemens contraires. La resolution de
ce doute depend d'vn principe que nous
auons proposé en diuers endroits de cet
ouurage. A sçauoir que bien que l'empire
de l'ame soit monarchique & qu'ell'ait vn
commandement sonuerain sur toutes les
facultez & sur toutes les parties du corps,
il y a neantmoins dans cette monarchie
de petits estats qui se gouuernent par des
puissances, par des loix & par des ministres
qui sont propres à chacun. Dans tous les
animaux, il y en a deux de cette nature
la Partie Sensitiue & la Partie Naturelle &
l'homme a par dessus l'Intellectuelle. Cha-

cune a fa connoiffance particuliere, chacune a fon appetit propre par lequel elle
fe meut & fait mouuoir tous les organes
qui font de fon reffort. Et quoy que leurs
mouuemens foient quelquefois femblables
& qu'ils femblent concourir à vne mefme
fin, comme quand l'appetit naturel fe porte
à quelque aliment qui eft en mefme temps
defiré par l'appetit fenfitif & par la volonté : Si eft-ce qu'ordinairement ils font
non feulement differens entr'eux , mais
tout à fait contraires. Cela ne fe rencontre que trop fouuent en ceux de la volonté & de l'appetit fenfitif qui fe contrarient
à tous momens & qui forment des paffions
qui fe combattent l'vne l'autre : ET qui
prendra garde à ceux de l'appetit naturel
y remarquera la mefme oppofition à l'efgard
des deux autres. Car quand vn homme
animé de la hardieffe va au combat & qu'il
luy arriue de paflir & de trembler; quand
vne profonde Trifteffe ou vne Peur extréme caufent la fiévre; ET quand vn malade
eft dans les apprehenfions de la mort &
que cependant la nature trauaille à chaffer

le mal par quelque crife : Il eft certain
qu'en toutes ces rencontres l'appetit fenfitif & l'appetit naturel ont des mouuemens contraires, & les mouuemens de celui-cy fe peuuent appeller Paffions comme
nous auons dit au chap. de la Colere. Car
bien qu'on veuille reftraindre ce nom aux
mouuemens de l'appetit fenfitif , neantmoins puis qu'on le donne à ceux de la
volonté à caufe qu'on y reconnoift la méme agitation & les mefmes motifs qui fe
trouuent aux paffions de la partie fenfitiue : il n'y a pas raifon de le defnier à ceux
de l'appetit naturel où les mefmes conditions fe rencontrent. Et mefmes s'il eft
vray qu'on les appelle Paffions, parce que
le corps y patift fenfiblement, ce nom con-
uient mieux aux mouuemens de l'appetit
naturel qu'à ceux de la volonté; d'autant
que ceux-cy n'alterent pas toufiours le
corps, demeurant fouuent dans cette fu-
préme region fans defcendre iufques aux
facultez corporelles; au lieu que l'appetit
naturel ne s'efmeut jamais qu'il n'agite les
Efprits & qu'il n'altere le corps comme les
autres paffions.

Quoy qu'il en soit ces mouuemens contraires qui se remarquent dans la Douleur corporelle viennent comme ceux
dont nous venons de parler, de l'agitation differente que souffrent l'appetit sensitif, & l'appetit naturel : car celle-là fait
retirer & resserrer en elle-mesme la partie
sensitiue de l'ame, & celle-cy fait soule-
uer la partie naturelle qui esmeut en suite
les esprits & les humeurs & les pousse
aux parties qui sont blessées. De sorte
qu'on pourroit dire que la Douleur semble estre vne passion composée de la Tristesse qui se forme par la contraction de
l'ame sensitiue ; et de la Colere de la faculté naturelle qui s'irrite contre le mal &
qui l'attaque pour le chasser. Car comme
nous auons dit ailleurs, cette basse partie
de l'ame a des mouuemens qui respon-
dent à la Hardiesse & à la Crainte, puisque
tantost elle s'esleue contre les maux &
qu'elle les combat auec la mesme ardeur
& auec la mesme alteration qui se remarquent dans la vraye hardiesse ; et que tantost elle perd courage ainsi qu'il arriue
quel-

quelquefois dans les maladies malignes &
peſtilentes, où la fiéure qui eſt comme vne
cholere de la faculté vitale irritée, ceſſe tout
à coup ; la grandeur du mal eſtonnant la
nature, & luy faiſant quiter le combat qu'elle auoit commancé.

Mais ſi cela eſt ainſi , on aura lieu de
nous objecter que la Douleur n'eſt pas
vne paſſion Simple comme nous auons dit;
que la definition que nous en auons donnée n'eſt pas complete; & qu'il y faut ad-
jouſter le mouuement de la faculté naturelle. Il y a deux choſes à reſpondre là
deſſus, la premiere, que comme il y a
trois ſortes d'appetit, l'intellectuel, le ſenſitif & le naturel, les paſſions ſont appellées Simples ou Compoſées à l'eſgard d'vn
meſme appetit, & non pas en les comparant auec ceux qui ſont de diuers ordres.
Autrement il n'y auroit aucune paſſion qui
fuſt ſimple du moins dans les hommes;
parce que la volonté ſe meſle preſque toûjours auec les mouuements de l'appetit
ſenſitif. La paſſion eſt donc Simple qui ne

La Dou-
leur eſt
vne paſ-
ſion ſim-
ple.

T

se forme que dans la partie concupiscible, ou irascible d'vn mesme appetit, &
ell'est Mixte ou Composée, quand toutes
les deux se meuuent en mesme temps.
Ainsi quoy que dans la Douleur le mouuement de l'appetit naturel se joigne à celuy de l'appetit sensitif, il ne s'ensuit pas
que ce soit vne passion composée, non
plus que lors que le mouuement de la volonté l'accompagne, & que la tristesse se
mesle auec la douleur sensible. Ce sont
veritablement deux passions qui se sont as-
sociées ensemble, mais qui ne peuuent
passer pour vne seule, quelque composée
qu'on se la figure ; parce que ce sont deux
differens mouuemens qui se forment en
diuerses parties de l'ame, & par diuers
principes.

La Douleur Corporelle est donc vne passion Simple, parce qu'elle ne se fait que
dans la partie concupiscible de l'appetit
sensitif, sans que l'irascible y contribuë ;
et quand les mouuemens de la volonté &
de l'appetit naturel se joignent auec elle,
ce sont des choses estrangeres à son essen-

ce qui ne ruinent point fa fimplicité.

La feconde chofe qu'il faut refpondre, c'eft que le mouuement de l'appetit naturel ne peut eftre de l'effence de la Douleur, non feulement parce qu'il y a des douleurs où il ne fe trouue point comme les petites & les legeres; mais encore parce que quelques grandes qu'elles puiffent eftre, il n'y a d'abord aucune marque que ce mouuement s'y faffe, puifque la rougeur, la tumeur, l'inflammation & les larmes qui font les fignes qui le font reconnoiftre, n'y paroiffent point, & n'y furuiennent qu'apres les premiers fentimens de la Douleur.

Enfin comme l'eftat fafcheux & turbulent que la prefence du mal excite dans l'ame, fait toute l'effence de la Douleur fenfible; et qu'il n'y a que le mouuement de l'appetit fenfitif qui feul peut caufer cét eftat fafcheux ; il faut de neceffité que toute l'effence de la Douleur confifte dans ce mouuement, & qu'elle ne depende point de celuy de l'appetit naturel. Or nous auons monftré

que cét eſtat faſcheux venoit de ce que
l'ame void & ſent l'image du mal qui la
penetre de toutes parts & qui ſe confond
auec elle, & que cette penetration ſe fait
par le moyen de la contraction de l'appetit ſenſitif. Et par conſequent toute l'eſſence de la douleur eſt renfermée dans
cette contraction & l'appetit naturel n'y a
aucune part. De ſorte que nous pouuons conclurre qne le mouuement de la
faculté naturelle qui ſuruient à la Douleur, ne fait point partie de ſon eſſence,
que ce n'en eſt qu'vne ſuite ou vn effect
qui meſmes ne l'accompagne pas touſ-
jours, & qui par conſequent ne doit
point entrer en ſa definition.

Pourquoy l'appetit naturel s'eſmeut dans la douleur. Reprenons le fil de noſtre premier
diſcours, & voyons pourquoy il faut
que l'appetit naturel qui ſe conduit par
vne connoiſſance differente de celle des
ſens, qui ne peut diſcerner les objets ſenſibles, & qui eſt d'vn ordre inferieur à
la partie animale, ſe meſle dans la douleur
qui eſt vne paſſion cauſée par l'impreſſion

fafcheufe des qualitez tactiles dont il n'y a
que le toucher & l'imagination qui puiffent eftre les iuges, auec lefquels neantmoins il femble que la faculté naturelle
n'ait aucune focieté ny communication.

Pour refoudre cette difficulté, il faudroit expliquer quell' eft la connoiffance
par laquelle la faculté naturelle connoift
fes objets & la maniere dont elle fe fait:
Mais parce que nous auons traité ailleurs
de cette matiere, il fuffit icy de dire que
faulte de mot propre, nous appellons cette
connoiffance vn Sentiment, quoy qu'elle ne
fe faffe point par le moyen des qualitez
fenfibles, ny par la production des images,
auec laquelle la fenfation fe fait. Car quand
l'eftomach ne peut fouffrir des chofes que
le gouft & l'appetit ont approuuées; et
quand la nature connoift le vice des humeurs qui font dans les veines, qu'aucun
fens ne peut apperceuoir & qu'elle tafche
à noftre infceu de corriger & de chaffer;
nous difons que cela fe fait par vn fecret
fentiment qu'ont les parties qui fentent naturellement ce qui leur eft nuifible.

T iij

C'eſt donc ainſi que la faculté naturelle connoiſt ce qui luy eſt bon ou mauuais.
Et comme toutes les parties de l'ame ſe
communiquent les maux qu'elles ſouffrent,
principalement s'ils ſont conſiderables; ſoit
parce qu'elles ont ſympathie l'vne auec
l'autre & qu'elles ſont toutes liées enſemble par la ſubſtance de l'ame qui en eſt le
lien commun; ſoit parce que dans ces faſcheuſes rencontres l'ame taſche de reunir
l'effort de toutes ſes puiſſances pour ſe de-
fendre d'vn ſi dangereux ennemy: Il arriue auſſi que la douleur ſenſible & l'alteration qui la cauſent, ſe font ſentir à la faculté naturelle qui s'excite & s'eſleue en ſuite pour le combattre. Ioint que la compoſition du corps ayant eſté commiſe à la
garde de cette vertu, il n'y peut ſuruenir
aucun deſordre conſiderable qu'elle n'en
ayt connoiſſance, & qu'elle ne s'eſmeuue
auſſi pour y remedier. C'eſt pourquoy elle enuoye le ſang & les eſprits aux parties bleſſées, penſant chaſſer le mal auec ce
ſecours: qui bien qu'il faſſe quelquefois ce
qu'elle pretend, ne laiſſe pas tres ſouuent

d'augmenter le mal par la tumeur & par
l'inflammation qu'elle y porte.

Mais cecy fait naiſtre vn autre doute. *Pourquoy*
Comment il ſe peut faire qu'en cette ren- *les Eſprits*
contre les Eſprits obeïſſent pluſtot à la fa- *fuyuent*
culté naturelle qu'à la ſenſitiue, & pour- *l'appetit*
quoy ils fuyuent pluſtot le mouuement de *naturel.*
l'appetit naturel qui les pouſſe au dehors
que celuy de la Douleur qui les deuroit
faire retirer & reſſerrer au dedans ? Car
il ſemble que la faculté ſenſitiue eſtant la
plus noble, deuroit eſtre la maiſtreſſe de
tous ces mouuemens, & qu'ayant vn ſi
grand empire ſur les eſprits comme il paroiſt dans les paſſions, elle pourroit les
contraindre à ſuiure ſes ordres, puis qu'elle contraint bien le cœur & les arteres à
ſe reſſerrer, & les membres à ſe raccourcir
nonobſtant l'effort de la faculté naturelle.

Sur cela il y a deux choſes à reſpondre,
l'vne que la faculté naturelle n'eſt pas veritablement la plus noble, mais qu'elle eſt
la plus neceſſaire, comme eſtant la baſe
de toutes les vertus, & celle qui ſouſtient

les principes & les elemens de la vie : ET que l'ame qui a plus de foin des chofes vrgentes & neceffaires, oblige les efprits à fuiure pluftot fes mouuemens que ceux de l'appetit fenfitif, comme eftant les plus importans à la côferuation de l'animal.

L'autre eft que les Efprits qui s'efmeuuent dans les paffions, doiuent leur naiffance à la faculté vitale qui eft au rang des puiffances naturelles, & que par confequent ils ont vne plus eftroite liaifon auec elle, & luy obeïffent plus exactement qu'à toutes les autres. En effect on pourroit dire qu'elle leur commande comme à fes propres fubjets, & que la fenfitiue ne les employe que comme fes alliez qui ne font pas obligez de la fuiure, quand leur Prince a befoin de leur feruice. Ainfi quand il fe forme vne paffion dans l'appetit naturel, ils fuiuent fon mouuement, quoy que l'appetit fenfitif les appelle à fon fecours ; & quelque effort que celuy-cy faffe pour les retenir, ils vont aueuglement & fans reculer où le premier les pouffe. Cela paroift euidemment

ment dans l'agitation que la fiévre leur donne; dans la course qu'ils font vers les parties blessées; dans le transport des humeurs qu'ils conduisent par tout le corps : Car l'appetit sensitif ny la volonté mesme ne sçauroient empescher ces mouuemens. Et sans doute la mesme chose arriue dans les passions qui se forment dans cette basse partie de l'ame : L'agitation qu'y souffrent les Esprits, ne se peut changer par les facultez superieures, & il faut quand celles-cy s'esmeuuent qu'elles employent d'autres organes que ceux-là pour faire impression sur le corps.

C'est aussi ce qui se passe dans les Douleurs violantes. Car l'appetit sensitif ne pouuant se seruir des Esprits qui sont occupez à l'eslancement que leur fait faire l'appetit naturel, fait resserrer le cœur & les arteres, & retirer les membres comme estant des parties qui sont de son ressort, & sur lesquelles il a plus de pouuoir. Et bien que le mouuement ordinaire du cœur vienne de la faculté naturelle, neantmoins comme il reçoit du cerueau des

V

nerfs qui luy donnent le sentiment, il
faut de necessité qu'il ayt quelque mouuement qui depende du mesme principe; parce que l'appetit sensitif se trouue
par tout où est le sentiment, comme
nous auons montré cy-deuant.

Quoy qu'il en soit, l'ame partage en
ces rencontres le mouuement de ses organes, faisant resserrer le cœur & raccourcir les muscles pour satifaire à l'appetit
sensitif, & poussant les esprits au dehors
pour s'accommoder à l'esmotion de l'appetit naturel : Tout de mesme que dans la
colere elle ouure les cauitez du cœur
pour seconder le mouuement de la Hardiesse & en resserre & comprime la substance, comme dit Hippocrate , pour sa-
tisfaire au mouuement de la Douleur.

Les Esprits sont donc toûjours portez
aux parties exterieures en cette passion :
Mais dans la Tristesse ils suiuent l'esmotion que souffre la partie superieure de
l'ame sans estre detournez par les efforts
de la faculté naturelle qui n'a rien à faire
en cette rencontre, le mal qui excite cette

paſſion n'eſtant point de ſon reſſort, & ne
pouuant de ſoy alterer la conſtitution du
corps. C'eſt pourquoy on peut dire que
puiſque l'ame n'eſt point icy partagée en
des mouuemens differens, elle s'abandonne toute entiere à celuy dont ell' eſt agitée, & que la contraction qu'elle y ſouffre
eſt plus grande & plus complete, eſtant
accompagnée de celle des Eſprits. Par où
il faut à mon aduis decider le doute qu'on
a ſi ſouuent propoſé, qu'elle eſt la plus violante & la plus difficile à ſupporter de la
Triſteſſe ou de la Douleur: Car comme
l'eſſence de l'vne & de l'autre conſiſte dans
la contraction de l'ame, il faut que celle-
là ſoit la plus forte où cette contraction eſt
plus grande & plus entiere.

Et c'eſt la raiſon pour laquelle on ſe
ſent le cœur plus ſerré & plus oppreſſé
dans la Triſteſſe, & que la langueur & l'abbatement du courage luy ſont plus ordinaires: parce que les Eſprits & le ſang ac-
courant en foule au centre du corps, &
n'eſtant point repouſſez aux parties exterieures, comme il arriue dans la Dou-

leur, il faut de neceſſité qu'ils rempliſſent & qu'ils chargent le cœur & les veines qui ſont à l'entour, & qu'ils cauſent par conſequent vne peſanteur & oppreſſion en ces parties, qui empeſche la liberté du pouls & de la reſpiration. Et comme il n'y a aucune partie de l'ame qui faſſe effort ny qui excite les eſprits & la chaleur pour repouſſer le mal, comme il ſe fait dans la Douleur corporelle; delà vient que la faculté vitale qui eſt opprimée par la quantité & par le poids des humeurs, ſe relaſche & s'abbat, & cauſe ainſi la langueur & la perte du courage. Mais nous parlerons de cecy plus amplement cy-apres, quand nous chercherons les cauſes des Characteres.

Ce que nous venons de dire, ſe doit entendre de la Triſteſſe qui eſt grande & vehemente. Car dans celle qui eſt legere ou mediocre, les Eſprits ne ſe retirent & ne ſe reſſerrent pas ſi fort qu'ils ne s'eſchappent de temps en temps pour former les Deſirs, les Eſperances, & autres ſemblables paſſions qui ſe meſlent auec celle-cy; & pour faire couler les larmes qui ſont les

compagnes des Tristesses mediocres, &
que les grandes & profondes ne connoissent point. Dautant que pour faire couler
les pleurs, il faut que les Esprits montent
à la teste , qu'ils fondent les humeurs &
qu'ils les portent aux yeux ; d'où vient que
ces parties s'enflent & rougissent ; et qu'il
est impossible que la violante contraction
où ils sont dans les afflictions extremes
leur laisse la liberté d'aller en ces lieux pour
y produire tous ces effects. Mais dans les
autres où cette contraction n'est pas si forte ny si opiniastre , ils se peuuent facilement desgager & suiure le dessein qu'a
l'ame de faire voir par les larmes l'estat
fascheux qu'elle souffre, comme nous dirons au chapitre suiuant.

La faculté naturelle pousse donc les Esprits aux parties blessées & y porte aussi les
humeurs qui sont meslées auec eux. Et il
y a apparence que comm'elle a dessein d'attaquer & de combattre le mal , elle fait en
cette passion ce qu'elle fait dans la colere,
où elle excite & separe les sucs les plus ma-

lings qui foient dans le corps pour les employer contre l'ennemy : D'où vient que
le venin des ferpens eft plus dangereux
quand ils font en colere, & que les morfu-
res de toutes fortes d'animaux font en
quelque façon venimeufes, quand ils font
irritez, leurs dents eftant alors infectées
de quelque humeur maligne que la nature conduit en ces parties pour deftruire ce
qui l'offence. Il y a dis-je, apparence qu'elle fait la mefme chofe dans la Douleur
corporelle & qu'elle choifit les humeurs les
plus actiues pour les enuoyer contre le
mal qu'elle veut affaillir. Et c'eft de là fans
doute que naiffent la plufpart des accidens
qui furuiennent aux playes quelque temps
apres qu'elles font faites, comme la tumeur,
la douleur cuifante & la quantité d'excremens qu'elles iettent. Car tout cela vient
des humeurs malignes que la nature pouffe en ces parties. Or elle fait fes attaques
au commencement du mal, parce que c'eft
lors qu'il luy eft le plus fenfible ; & apres
elle trauaille à corriger les defordres que
ces humeurs ont cauféz, en cuifant les ma-

tieres retenuës , & les confumant peu à
peu ; fi tant eft qu'elle foit affez forte pour
en eftre la maiftreffe. C'eft pourquoy il y
a peril quand ces accidens n'y paroiffent
point, parce que c'eft vn figne certain que
la nature eft eftonnée, qu'elle n'eft pas en
eftat de combattre , & qu'elle abandonne
les parties bleffées à la violance du mal.

En effect la Douleur cuifante qui ne fe
fent pas d'abord aux playes & qui par confequent ne vient pas de la folution de continuité , procede des ferofitez acres qui
coulent deffus ; Et ces ferofitez ne viennent pas de la foibleffe que l'alteration caufe dans la partie bleffée, puifqu'il arriue
fouuent que dans les playes malignes où
la foibleffe & le defordre font extrémes,
cette douleur ne paroift point du tout. Il
faut donc que ce foit la nature qui enuoye ces ferofitez d'ailleurs ; Et comme elle
fçait choifir les bonnes & les mauuaifes humeurs felon les outrages & les deffeins
qu'elle entreprend , il faut croire qu'elle
n'employe celles-cy qui font acres & picquantes que comme des armes offenfi-

ues dont elle se veut seruir pour assaillir &
chasser le mal. Il en faut dire autant des
impuretez dont tout le corps se descharge
sur les parties malades, car la nature en tire le mesme seruice que de la bile ou du venin dans la colere, & fait comme vn sage
Politique qui descharge l'Estat des brouil-
lons & des mauuais garnemens en les en-
voyant à la guerre. En effect si les tumeurs
qui leur suruiennent sont molles & mediocres, si les excremens en sont louables,
c'est vne marque que tout le corps est pur
& qu'il ne fournit pas à l'ame les mauuaises
humeurs qu'elle eust employées pour attaquer, si elle les y eust rencontrées.

La chose ne se passe pas ainsi dans la Tristesse, l'ame n'y fait aucune entreprise, aucun choix, aucune separation ny coction
d'humeurs, au contraire ne pensant qu'à
fuir & à se cacher, elle fait rentrer & resserrer les Esprits en eux-mesmes, elle mesle
& confond toutes leurs parties & tous les
sucs qui sont meslez auec eux, & peruer-
tist ainsi toute l'œconomie du sang. C'est
pourquoy il ne faut pas s'estonner s'il s'al-

tere

tere & se corrompt & s'il cause à la fin ces
longues & opiniastres maladies qui succe-
dent aux grandes Tristesses : comme nous
dirons cy-apres.

De vouloir maintenant examiner comment les Esprits se resserrent, ce seroit vne
recherthe inutile apres tout ce que nous
en auons dit. On sçait que tous les corps &
principalement ceux qui sont d'vne consi-
stence plus rare & moins solide, comme
l'eau, l'air & les vapeurs se condensent &
se ramassent par le froid ou par quelque
autre violance. De sorte qu'il n'y a pas lieu
de douter que les Esprits qui sont de cette
nature ne soient susceptibles du mesme
mouuement. En effect le froid & quelques venins les font resserrer ; et dans les
passions, l'ame qui les entraisne auec elle,
leur fait souffrir la mesme contraction
qu'elle s'est donnée. Il faut seulement remarquer que toutes les choses se peuuent
resserrer auec ordre ou auec confusion.
Quand le froid congele l'eau ou quand on
la presse dans son canal, toutes ses parties se

X

refferrent dans l'ordre qu'elles auoient auparauant : mais quand elle fe trouue preffée
par la tempefte en quelque deftroit, alors
fes ondes fe brouillent & entrent l'vne dans
l'autre, & fe ramaffent enfemble auec confufion. La mefme chofe arriue dans la contraction des Efprits : Car dans la Conftance,
elle fe fait efgalement & auec ordre,
parce que la fermeté que l'ame leur donne retient leurs parties dans la mefme
difpofition où elle les rencontre. Mais
dans la Trifteffe elle fe fait auec confufion, parce que l'ame qui les fait refferrer pour les raifons que nous allons dire,
fe haftant de fuir le mal qui la preffe, n'a
pas la patience qu'ils fe rangent efgalement, mais precipite les derniers fur ceux
qui vont deuant & les faifant entrer les
vns dans les autres, elle les brouille & les
confond enfemble.

Il y a donc icy deux chofes à confiderer dans leur mouuement, la Contraction
& la Confufion. La premiere fe fait auec
deffein & pour vne fin que l'ame croit luy
deuoir eftre vtile. L'autre fe fait par pure

necessité : car l'ame ne se propose point
de brouiller & de confondre les esprits,
mais c'est vne suite de l'agitation qu'elle
souffre qui est causée par l'empressement &
par la precipitation où ell' est.

Quant à la fin qu'elle se propose dans
la contraction : c'est premierement qu'elle croit mettre à couuert ses plus nobles organes , estant vne chose asseurée
que les corps qui se resserrent euitent
ainsi l'approche de ce qui leur est contraire ; qu'ils sont moins exposez à ses atteintes ; & qu'en ramassant leurs parties
ils se fortifient pour luy resister : et c'est
pour tous ces motifs que les animaux resserrent & racourcissent leurs membres à la
presence du mal, comme nous auons dit
cy-deuant. Secondement c'est qu'elle s'i-
magine que par ce moyen elle pouruoit
encore à sa propre seureté , l'vnion qu'elle a
auec les Esprits , luy faisant croire que c'est
elle-mesme qui se met en l'estat où ils sont.
Car c'est vne erreur où elle tombe ordinairement dans les passions, de se figurer
que c'est elle qui fait ou qui souffre ce qui

n'eſt propre qu'à ſes organes. Ainſi elle penſe ſe cacher dans la Honte quand elle couure le viſage du ſang qu'elle y reſpand, &
qu'elle abbat ou ferme les paupieres : Elle
s'imagine dans l'Orgueil qu'elle s'eſleue,
quand les ſourcils ſe hauſſent & qu'elle s'enfle & s'eſtend quand le viſage ſe gourme.
Enfin ſi les Eſprits ſe jettent en dehors ou
s'ils ſe retirent en dedans , elle croit que
c'eſt elle qui ſe porte aux meſmes endroits,
comme ſi elle quittoit les lieux d'où elle
croit partir. C'eſt donc ainſi qu'elle ſe per-
ſuade que lors qu'elle les contraint de ſe reſſerrer, c'eſt elle qui ſe met en cette poſture,
& qu'elle y trouuera les meſmes auantages
que les corps en retirent pour leur ſeureté.

Comment
la douleur
affoiblit
la chaleur
naturelle. Voyla ce que nous auions à dire du mouuement que les Eſprits ſouffrent dans la
Triſteſſe & dans la Douleur, il faut maintenant voir quelle alteration elles cauſent
dans la chaleur naturelle. Il eſt certain
que la Triſteſſe l'affoiblit & la diminuë, &
l'on n'en peut douter, ſi on conſidere la
petiteſſe & la langueur du pouls, l'abbate-

ment des forces, & les maladies lentes &
opiniaſtres qu'elle cauſe. Mais la difficulté eſt de ſçauoir comment elle l'affoibliſt.
Car nous auons montré au traité de la
Hayne qu'il n'y a que les paſſions où l'ame
perd le courage qui puiſſent refroidir le
cœur, parce qu'il n'y a qu'elles qui empeſchent l'influence & la generation des Eſprits, & qui laiſſent eſteindre en ſuite la
chaleur naturelle. Or ces ſortes de paſſions appartiennent toutes à l'appetit iraſ-
cible qui ſert à la direction des forces & du
courage, & qui les excite ou les retient ſelon qu'il le iuge neceſſaire : De ſorte que
la Triſteſſe qui eſt du reſſort de l'appetit
concupiſcible, & qui ne conſulte point
le courage ny les forces de l'ame, ne peut
empeſcher la production des Eſprits ny
diminuer par conſequent la chaleur naturelle. En effect la fuite & la contraction
des eſprits qu'elle cauſe, peuuent bien faire paſlir & abbatre le viſage, & rendre froides les parties exterieures : Mais il n'y a pas
d'apparéce qu'elles faſſent refroidir le cœur,
puiſqu'elles y ramaſſent toute la chaleur

X iij

qui estoit respanduë par le corps.

Il faut donc dire que la Tristesse de soy, ny toute seule ne produit point cét effect, mais seulement lors qu'elle est accompagnée de la Crainte, & du Desespoir qui sont les passions de l'appetit irascible qui font perdre le courage ; encore faut-il qu'elles durent quelque temps pour causer les accidens que nous auons marquez. C'est pourquoy les afflictions courtes ou legeres ne font point de tort à la chaleur naturelle, au contraire elles la fortifient & seruent à la longueur de la vie, comme nous dirons cy-apres. Mais lors qu'elles sont violentes & de longue durée, elles sont ordinairement suiuies de ces deux passions qui esteignent à la fin la chaleur & causent ces maladies opiniastres dont nous auons parlé. Car la grandeur & la durée du mal estónent la nature, & luy persuadent que ses forces ne font pas capables de luy resister, & qu'elle se doit abandonner à sa violence. Et cela arriue principalement quand la constitution du corps ou de l'ame se trouue foible ; d'où vient que les femmes & les

melancholiques tombent plus facilement
en ces paſſions & ſont plus ſuſceptibles des
maladies & des autres ſymptomes qui ont
accouſtumé de les ſuyure: Au lieu que les
ames fortes & les conſtitutions robuſtes
ſupportent conſtamment les afflictions qui
leur arriuent ; Et dans la confiance qu'ils
ont en leur force, elles ſe roidiſſent contr'elles & font des efforts qui entretiennent
touſiours la chaleur du cœur & la generation des eſprits.

Quant à la Douleur ſenſible, ſi on conſidere la grandeur & la vehemence du
pouls qui l'accompagne, la fiévre & l'inquietude qu'ell' excite, la rougeur & l'inflammation qu'elle porte aux parties bleſſées, on iugera facilement que bien loing
de diminuer la chaleur du cœur, elle l'accroiſt & l'irrite ; Et qu'il eſt impoſſible que
cela n'arriue ainſi, veu l'agitation que ſe
donne la faculté naturelle, qui ſe preſſe
d'enuoyer des eſprits & d'en produire de
nouueaux pour entretenir le combat qu'el-
l' a entrepris. Il eſt vray que les efforts
qu'elle fait pour cela, ſont quelquefois ſi

grands qu'ils caufent des defaillances &
des fyncopes , foit parce que les Efprits
eftant pouffez auec trop de violence , perdent la continuité qu'ils doiuent toûjours
auoir auec leur principe qui ceffe alors de
communiquer fa vertu aux parties ; foit
parce que la nature voulant faire fon dernier coup , employe tout ce qui luy refte d'efprits & efpuife ainfi toutes fes forces. Ce qui arriue principalement à ceux
dont la compofition eft delicate & les humeurs fubtiles ; car elles ne tiennent pas
coup à l'impetuofité des Efprits, elles s'ef-
cartent & fe diffipent facilement.

Quelles

*Quelles sont les Causes des Cha-
racteres de la Tristesse.*

TROISIESME PARTIE.

LES Characteres de la Douleur sont
de deux sortes comme ceux de toutes les autres Passions, à sçauoir ceux
qui se forment dans l'ame & ceux qui se
font au Corps. Mais parce que la Tristesse
& la Douleur sensible quoy qu'elles ne fassent qu'vne mesme espece de Passion, les
ont neantmoins differens, & principalement ceux qui sont Corporels, à cause du
mouuement de la faculté naturelle qui se
mesle auec la Douleur, comme nous auons
dit, & qui agite les esprits tout autrement
qu'ils ne sont dans la Tristesse; nous parlerons premierement des Characteres de
la Tristesse , & apres nous examinerons
ceux de la Douleur. Commençons donc
par les actions de l'ame, & voyons pourquoy *Elle pense continuellement au mal qui*

la preſſe, puis que cela fait toute ſa peine.

Toute Paſsion attache l'eſprit à ſon obiet.

Il n'y point de paſsion qui n'attache fortement l'eſprit à l'objet & à la cauſe qui la fait naiſtre, non ſeulement parce qué c'eſt vn mouuement de l'appetit qui a beſoin de l'Influence continuelle de la faculté conhoiſſante : Mais encore parce que l'ame ne ſe meut que pour arriuer à ſa fin, qui eſt la poſſeſſion du bien ou la fuite du mal, & qu'il faut par conſequent qu'elle ſe repreſente inceſſamment l'vn ou l'autre pendant ſon agitation.

Les paſ-ſions faſ-cheuſes occupent plus l'eſ-prit.

Mais comme le mal eſt plus important & plus conſiderable à l'animal que le bien eſtant plus puiſſant pour le deſtruire que le bien ne l'eſt pour le conſeruer : De là vient que les Paſsions qui ont le mal pour objet, occupent dauantage l'eſprit, & ne donnent pas tant de liberté à ſes penſées de vaguer & de ſe diſtraire, que celles qui regardent le bien. En effeӡ ceux qui ſont touchez d'Amour de Ioye, ou de Deſir, ſe laiſſent facilement emporter à diuerſes imaginations qui ſont eſloignées de leur

fin principale ; Et il n'est pas mal-aysé de les
detourner de leurs agreables resueries pour
les porter à d'autres diuertissemens. Mais
il n'en est pas ainsi des Passions fascheuses,
l'ame est tellement attachée à l'objet qui
les excite, qu'elle ne s'en peut separer qu'a-
uec peine, & quelque soin que l'on prenne de luy en oster la pensée, elle conserue tousiours au fond du coeur le souuenir
de ce qui la blesse.

Il est vray que comme il y a des maux
plus grands & plus pressans les vns que les
autres, il est certain que generalement parlant, les Passions qui ont pour objet vn
mal plus present & plus dangereux arres-
tent dauantage l'esprit. La Crainte par
exemple occupe plus l'ame que la Hardiesse, parce que le peril y paroist plus grand ;
Et la Tristesse plus que ces deux là, parce
que le mal y est present, & qu'il corrompt
en effect la constitution naturelle de l'ame,
comme nous auons monstré ; Au lieu que
dans les autres Passions il ne fait que la me-
nacer & est encore à venir.

Mais fi la Trifteffe a ce pouuoir & cét auantage par deffus elles, il faut qu'elle le cede à la Douleur corporelle qui lie telle-ment l'efprit & la penfée au fentiment du mal qu'il eft comme impoffible de les en detacher. Elle ne permet pas comme la Trifteffe qu'on s'égare en mille circon-ftances qui fe trouuent à la rencontre des maux; qu'on s'applique à la confideration des biens que l'on a perdus; qu'on forme cent deffeins pour fe tirer du malheur où l'on eft. Non, celuy qui fent la Douleur ne fonge à autre chofe qu'à fon mal; toute fon ame femble eftre renfermée dans la par-tie qui eft offenfée, & elle ne fouffre pas mefme qu'on la deftourne de l'applica-tion qu'ell' y a, quoy que ce foit ce qui la trauaille dauantage & qui augmente le defordre où elle eft.

Nous auons defia touché la raifon de cette difference quand nous auons dit que la Douleur fenfible vient de l'alteration qui fe fait dans la conftitution du corps qui eft la plus importante & la plus ne-

ceſſaire, à ſçauoir le Temperament & l'v-
nité des parties. Car il s'enſuit de la que
lors que cette alteration vient à la connoiſſance de l'ame, ell' en eſt plus allarmée que de quelque autre que ce ſoit,
qu'ell' a plus de ſoin d'y pouruoir, &
qu'elle s'y applique par conſequent dauantage; la grandeur du peril ne luy permet-
tant pas de s'en deſtourner vn moment.

Mais comment eſt-il poſſible que dans
ces deux Paſſions elle vueille s'appliquer
ſi fort à l'objet faſcheux qui les fait naiſtre, puiſque cét attachement eſt preſque
la ſeule choſe qui luy fait de la peine? Car
ſi on ne penſoit point au mal on ne le reſſentiroit point, & l'on ſçait que dans la
chaleur des combats les coups que l'on reçoit ne cauſent point de Douleur, & que
dans les fortes meditations le corps ſouffre ſans que l'ame s'en apperçoiue, parce
que l'eſprit eſt alors diſtrait & qu'il ne conſidere pas le mal qui l'attaque.

Pourquoy l'ame s'at-tache ſi fort aux obiets faſ-cheux, puiſque cela fait toute ſa peine.

Si l'on veut ſe ſouuenir de ce que nous

auons dit des motifs que l'ame se propose en cette Passion, & de la maniere dont
ell' y est agitée, on verra bien que c'est auec
raison qu'elle s'attache au mal qu'elle sent,
& que le mouuement qu'elle se donne en
suite, est vtile à son dessein. Que si la peine suruient à ces actions, c'est vn accident
qui arriue contre son intention & par vne
necessité inuincible dont elle ne peut & ne
doit pas mesme s'exempter quand ell' en
auroit le pouuoir.

Car enfin c'est vne loy que la nature luy
a imposée pour la conseruation de l'animal de fuir le mal quand elle l'apperçoit:
Et elle ne peut le fuir auec plus de precaution quand il est present, qu'en se res-
serrant & se ramassant en elle-mesme. Parce qu'outre que par ce moyen elle se cache
de luy autant qu'elle peut, qu'ell' est moins
exposée à ses atteintes, occupant moins
d'espace & qu'elle luy veut faire vn plus
libre passage, afin qu'il s'esloigne plustost &
plus facilement; elle reunist ses forces par
cette contraction, & se met en estat de luy
resister plus auantageusement, & de s'op-

poſer au progrez qu'il peut faire. Mais comme elle ne peut executer tous ces deſſeins qu'elle ne conſidere le mal qui la preſſe, & qu'elle ne reſpande dans l'appetit l'image qu'elle s'en eſt formée, il arriue auſſi qu'en ſe reſſerrant & r'entrant en ſoy-meſme, cette image importune la ſuit en tous ſes mouuemens; ainſi ne pouuant voir ſans peine & ſans horreur vn objet ſi odieux qui la penetre de toutes parts, & qui ſe meſle & ſe confond auec elle, elle fait de nouueaux efforts pour s'en eſloigner, elle ſe trouble dauantage & accroiſt le deſordre où elle eſt tombée. C'eſt donc vn mal neceſſaire qui luy vient en ſuite d'vn bien qu'elle s'eſt voulu procurer: Et quoy que le mal ſoit plus grand que le bien, elle ne le ſçauroit euiter qu'elle ne ruine l'ordre de la nature, qu'elle ne perde le ſoin de ſa conſeruation, & qu'elle ne s'abandonne à la violance des maux qui l'attaquent comme nous auons dit cy-deuant.

Mais ie veux bien qu'elle ne puiſſe ſe detacher du mal qui la preſſe & qui la pe-

Pourquoy la Triſteſ-ſe fuit les

netre, il semble qu'elle ne deuroit pas rechercher ceux qui sont hors d'elle & qui
luy sont estrangers ; qu'au contraire elle
deuroit embrasser les biens qui se presentent & s'en seruir comme de iustes &
d'vniques remedes à la peine qu'elle souffre.
Cependant elle ne hait & ne fuit pas seulement tous les diuertissemens & les plaisirs de la vie, mais elle ayme mesme & recherche toutes les choses qui peuuent augmenter son chagrin : La solitude , l'obscurité, la compagnie des malheureux, le recit de leurs infortunes & le souuenir des
siennes propres font ses plus doux entre-
tiens : Tous les lieux & tous les objets qui
luy peuuent remettre en memoire les pertes qu'ell' a faites luy sont agreables. Enfin
elle ressemble à ces animaux qui ne se nour-
rissent que de venin , & qui changent en
poison tous les meilleurs alimens qu'ils
trouuent.

Pour rendre raison de ces estranges effects de la Tristesse, il faut remarquer premierement que l'ame a deux sortes de mouuemens

uemens en general dont les diuerfes efpe-
ces font prefque toutes les differences de
Paffions ; l'vn par lequel elle fe iette en des
hors & fort comme hors de foy pour
pourfuiure le bien ou pour attaquer le
mal ; L'autre par lequel elle fuit & r'entre
en elle-mefme pour s'efloigner de ce qui
luy eft fafcheux.

En fecond lieu, que quand elle s'eft engagée à quelqu'vn de ces mouuemens,
ell' a de la peine à fe porter à d'autres qui
luy foient contraires, & reçoit facilement
l'impreffion des objets qui fauorifent l'a-
gitation qu'elle s'eft donnée, & qui caufent
des mouuemens finon tout à fait femblables, du moins conformes à la pente
qu'ell' a prife. Car il en eft comme de celuy qui court vers quelque endroit, il ne
peut retourner en arriere fans fe faire violance, mais il n'en fouffre aucune fi quelque chofe le pouffe où il va, ny mefme fi
elle le fait vn peu efcarter du droit chemin
qu'il tenoit.

C'eft ainfi que les Paffions agreables fe
fuyuent ordinairement l'vne l'autre, &

Z

paſſent difficilement à celles qui ſont faſcheuſes. Car l'Amour reçoit facilement le
Deſir, la Ioye & la Hardieſſe meſme, parce
qu'elles ont toutes vn meſme genre de
mouuement par lequel l'ame ſe porte en
dehors quoy qu'elles ſoient vn peu differentes dans la route qu'elles tiennent. Et
ſi quelqu'vn eſt ioyeux il donne vne facile entrée en ſon ame à tous les objets qui
peuuent former la meſme paſſion qu'il reſſent & la refuſe à ceux qui en peuuent exciter de contraires : Parce que ceux-là
la pouſſent où elle ſe porte elle-meſme, &
que ceux-cy taſchent de l'engager dans vn
mouuement contraire à ſon inclination.

Il en eſt de meſme à proportion des Paſſions faſcheuſes, car elles ne ſouffrent point
les objets ny les paſſions agreables à cauſe
de la contrarieté qui ſe trouue entre leurs
mouuemens & les leurs ; Et s'allient auec
les choſes qui leur ſont conformes pour
les raiſons que nous auons dites:

Et c'eſt de là ſans doute que procede
cette auerſion qu'vn homme accablé de

Tristesse a pour les diuertissemens, pour les plaisirs & pour tous les objets agreables : Car quelques charmans qu'ils puissent estre, il ne le touchent ny d'amour ny de desir ny de ioye, au contraire ils augmentent son chagrin & le mettent en plus mauuaise humeur ; parce qu'ils trouuent l'ame agitée d'vn mouuement opposé à celuy qu'ils taschent d'exciter, & qu'ils la violentent par consequent dans l'impression qu'ils luy donnent. Car quelque mal que luy cause le mouuement qu'ell' a, comme il luy est necessaire, & qu'elle l'a choisi pour arriuer à sa fin, elle s'y plaist, & tout ce qui le veut empescher choque son dessein & son inclination. C'est pourquoy quand on veut arrester ou affoiblir vne passion, il ne faut pas au commencement s'opposer à son cours, & vouloir forcer tout d'vn coup l'impetuosité dont ell' est emportée. Car vn homme en colere s'irrite dauantage si on luy fait connoistre d'abbord qu'il a tort de se fascher ; et celuy qui est affligé reffuse les consolations qui s'opposent de force à sa douleur. Parce que l'ame ne peut sans se faire vne grande violance, changer ny arrester l'agitation qu'elle s'est donnée. Mais il faut en ces rencontres entrer d'abbord en ses sentimens, & puis la ployer peu à peu & la faire pancher où l'on la veut conduire: Car apres auoir ainsi detourné & alenty son mouuement, on peut enfin l'arrester tout à fait & luy en imprimer vn autre tout contraire.

Mais quand l'ame rencontre des Objets & des Passions conformes à la Tristesse où ell' est plongée, non seulement elle les reçoit auec facilité, mais encore elle les recherche, elle s'y plaist mesme & ne les quitte qu'auec peine. C'est pourquoy elle se laisse facilement toucher à la pitié, elle tombe ordinairement dans la crainte & dans le desespoir; elle ayme la solitude, l'obscurité, la compagnie des malheureux & toutes les choses qui la font ressouuenir de ses infortunes. Parce que les mouuemens de ces Passions sont conformes à celuy dont ell' est agitée; et que ces objets là ne s'op-

poſent point à ſon cours, eſtant meſme
comme autant de vents qui ſe joignent au
courant qu'ell' a pris & qui la pouſſent où
elle veut aller.

Mais ces derniers effets de la Triſteſſe *L'ame ſe*
meritent d'eſtre plus particulierement exa- *ſent foible*
minez : Et pour donner vn ſolide fonde- *dans la*
ment à ce que nous en voulons dire, il faut *Triſteſſe.*
preſuppoſer que l'ame ſe croit touſiours
foible quand cette Paſſion l'a ſaiſie, parce
que le mal s'en eſt rendu le maiſtre , &
qu'il la tient abbatuë & accablée ſoubs ſa
violance. Et vne marque euidente du ſentiment qu'ell' a de ſa foibleſſe, c'eſt qu'elle
le fuit & qu'elle paſſe ſi facilement de l'e-
ſtat où ell' eſt dans la pareſſe , dans la langueur, dans la crainte & dans le deſeſpoir:
Où il eſt certain qu'elle ne tombe iamais
que par l'opinion qu'ell' a d'eſtre foible &
de n'auoir pas aſſez de forces pour agir: Ioint
que les gemiſſemens & les plaintes qui luy
ſont ordinaires en cette rencontre , ſont
des effects de la foibleſſe , comme nous
montrerons cy-apres.

Z iij

Cela estant ainsi , il n'est pas mal-aysé de dire pourquoy ceux qui sont affligez se laissent si facilement toucher à la *Compassion & à la Pitié*. Car comme cette Passion est composée de la Douleur que les maux d'autruy font ressentir, & de la Crainte que l'on a de tomber dans les mesmes accidens ; Il est certain que la Tristesse est plus susceptible de ces mouuemens que quelqu'autre que ce soit. Premierement parce que la Douleur qui entre dans la Compassion est vne veritable Tristesse, dont par consequent les mouuemens sont semblables. Et de là il s'ensuit que les objets qui sont capables d'exciter la Pitié , ne font aucune violance à l'ame qui est affligée, qu'ils y entrent sans peine & y font vne facile impression, n'y trouuant point d'obstacle. Secondement, parce que l'ame qui se sent foible quand ell' est Triste , ne peut resister au sentiment que les maux d'autruy luy donnent , & craint mesme qu'ils ne luy arriuent en effect, estant persüadée par l'opinion qu'ell' a de sa foiblesse qu'ell' est exposée à tous les malheurs de la vie. Et

par confequent ell'eft encline à la Pitié,
puifque c'eft eftre pitoyable que de reffentir les maux d'autruy & de les craindre
pour foy-mefme. Enfin la Trifteffe & la
Compaffion dependent d'vne mefme conftitution de l'ame, puifque l'vne & l'autre
y prefuppofent de la foibleffe qui en eft
comme la premiere & la principale difpofition ; ET par confequent elles fe
doiuent fuyure l'vne l'autre, puifque les
effects qui demandent de mefmes difpofitions, fe rencontrent ordinairemet enfemble. Or on ne peut douter que la
Compaffion ne foit vn effect de la foibleffe de l'ame, non feulement parce que
la Trifteffe en fait partie, mais encore
parce que les conftitutions les plus foibles
comme celle des femmes & de tous ceux
qui ont le temperament froid & humide
y font plus fujetes, comme nous dirons
plus amplement au chapitre de la Compaffion.

Quand la Trifteffe s'eft donc jointe auec
la Pitié, elle fait qu'on recherche la Com-

pagnie des miferables, & qu'on fe plaift au recit qu'ils font de leurs infortunes. Parce que la fin que la nature fe propofe dans la Compaffion, c'eft de foulager les malheureux, foit par le fecours qu'on leur offre, foit par les confolations qu'on leur donne, foit par la defcharge de leurs maux qu'on leur procure en les leur faifant raconter. Car c'eft vne chofe ordinaire en toutes les paffions fafcheufes, que l'ame croit fe defcharger d'vne partie de fon mal par toutes les actions exterieures qu'elle fait, comme par les larmes, par les foupirs, par les mouuemens du corps, & principalement par la parole: D'autant que le mal eftant principalement dans la penfée, elle croit qu'en mettant au dehors fes penfées par la parole, elle fait auffi fortir le mal auec elles. Il en eft de mefme des pleurs, des foupirs & des autres actions exterieures que cette Paffion doit produire.

En effect vne Perfonne qui deuore fon chagrin & qui le garde dans le cœur fans le declarer en aucune maniere, le fent bien plus long-temps & en eft bien plus tourmenté

menté que celuy qui le dit, qui se plaint,
qui pleure, &c. Tout de mesme que la colere d'vn homme se conserue & s'accroist
par le silence, & se diminuë par les mena-
ces, par les reproches & par cent autres
actions qu'il fait. Car quoy que la raison
iuge que tout cela n'est point de soy capable d'augmenter ou d'affoiblir la Passion:
Neantmoins la faculté sensitiue qui en est
ordinairement le siege & le subjet principal, & qui ne discerne pas si exactement
les choses, s'imagine qu'elle arriue à ses fins
par ces voyes là, & se satisfait en quelque
sorte quand elle employe quelqu'vn de
ces moyens; tout de mesme que sa peine
continuë & s'accroist quand elle ne s'en
peut seruir.

La Tristesse a le mesmes dispositions *La Tristes-*
pour la Crainte que pour la Compassion, *se est encli-*
à sçauoir la foiblesse où l'ame se persuade *ne à la*
d'estre, & la conformité des mouuemens *Crainte.*
dont elle est agitée en l'vne & en l'autre.
Et comme les objets qui peuuent exciter
la Crainte se presentent presque à tous mo-

A a

mens à l'efprit de celuy qui eft affligé, il eft
prefque impoffible qu'auec ces difpofitions il ne foit auffi à tous momens faifi de
quelque apprehenfion. Or on ne peut douter apres ce que nous auons dit, que l'ame
ne fe fente foible en ces deux paffions,
puis qu'en l'vne & en l'autre elle fuit. Et
pour la Conformité des mouuemens qu'elles ont, ell' eft fi iufte qu'il n'y a aucune
difference entr'eux pour ce qui regarde la
nature & l'efpece du mouuement, car dans
la Crainte l'appetit fe refferre & r'entre en
luy-mefme auec precipitation, tout de mefme que dans la Trifteffe : Et toute la diuerfité qui s'y trouue eft dans les chofes
qui font exterieures & eftrangeres à l'effence du mouuement, à fçauoir le fujet, l'ob-
ject & le motif qui font differens en l'vne
& en l'autre comme nous auons dit en ex-
pliquant la definition de la Douleur.

Cette foibleffe & cette conformité de
mouuemens eft donc caufe que l'ame qui
eft affligée tombe facilement dans la Crainte quand les objets qui font propres à l'exciter fe prefentent à elle. Et il y en a

vne infinité qui entrent inceſſamment en
ſa penſée ; car non ſeulement elle void
le progrez que doit faire le mal dont ell'
eſt attaquée & les dangereuſes ſuites qu'il
peut auoir, mais encore elle s'imagine que
dans l'eſtat où ell' eſt, il n'y a aucun mal-
heur qui ne luy puiſſe arriuer. Si c'eſt
la perte de l'honneur, des biens, ou
d'vn amy qui l'afflige, elle preuoit tous
les diuers accidens qui peuuent venir en
ſuite de ces diſgraces : Si c'eſt la maladie,
elle ſe la figure plus grande qu'elle ne paroiſt, elle remarque tous les maux les plus
dangereux dans leſquels elle ſe peut changer : Et comme ſi ce ne luy eſtoit pas
aſſez de ſouffrir le mal preſent, ſon appre-
henſion luy fait reſſentir tous ceux qui ſont
à venir.

Enfin ſe voyant expoſée à tant de mal- *La Triſteſ-*
heurs, & ne croyant pas leur pouuoir re- *ſe cauſe le*
ſiſter, elle perd tout à fait le courage & *Deſeſpoir.*
tombe dans le *Deſeſpoir.* Mais il faut remarquer qu'il y a deux ſortes de Deſeſpoir. L'vn
qui eſt vn relaſchement general de l'ame,

Aa ij

par lequel elle perd toutes les esperances qu'elle auoit conceuës , & s'abandonne toute entiere à la violance du mal. L'autre est bien aussi vn relaschement, mais ce n'est qu'à l'esgard de quelque dessein particulier qu'elle s'estoit proposé. Car en perdant l'esperance du succez qu'elle s'en estoit promis , elle s'en forme d'autres que l'indignation, le despit & la colere luy suggerent, & qui sont suiuis d'actions dereglées temeraires & furieuses : Et c'est en ce sens qu'on appelle vn homme desesperé & vne action de desespoir.

La Tristesse est susceptible de l'vn & de l'autre, mais le dernier ne se rencontre qu'aux commencemens de cette passion, & lors que l'ame n'en est pas tout à fait accablée. Car on ne le remarque gueres apres vn long progrez ny dans la fin des grandes afflictions qui sont tousiours accompagnées de la langueur & de l'entier abbatement de l'ame. C'est pourquoy à l'abbord des grandes afflictions on void des hommes qui se tordent les bras & les mains, qui s'arrachent les cheueux, qui se

battent la teste contre les murailles , &
qui font cent autres actions qui sentent le
transport & la fureur : Mais cela ne leur
arriue iamais quand leur Tristesse a duré
quelque temps ; et si ell' a fait vn long
progrez ils ne sont capables que de l'autre
sorte de Desespoir qui les jette dans la langueur & dans l'insensibilité & qui leur inspire le desir de la mort, & la leur fait quelquefois rechercher. La raison de cette diuersité est fondée sur l'estat des forces dont
l'ame est pouru eu ë au commencement &
à la fin de la Tristesse. Car quoy qu'elle
se sente foible si tost qu'ell' en a esté saisie, elle ne croit pas pourtant que ses forces soient tellement espuisées qu'elle ne
puisse faire quelque effort pour se retirer
du peril où ell' est, ou du moins pour le diminuer. C'est pourquoy elle forme alors
des desirs & des esperances, elle prend des
resolutions de supporter constamment son
infortune, elle se laisse mesme emporter au
despit & à la colere qui passent quelquefois iusques à la fureur. Mais quand ell' a
souffert long temps la violance de la Pas-

fion , & qu'elle void que tous fes efforts
ont efté inutiles, elle iuge alors que toute
fa vigueur eft diffipée par la longueur du
mal & qu'elle n'eft plus capable de luy
faire refiftance ; Auffi fans fe foucier plus de
s'eflancer, de s'affermir ny de fe refferrer,
elle fe relafche tout à fait , & comme vn
Nocher qui ne peut plus gouuerner fon
vaiffeau, s'abandône à la mercy de la mer &
des vents, & n'attend plus que le naufrage:
Elle auffi ne pouuant plus refifter à l'excez
de la Douleur , fe laiffe emporter à fa violance , & ne fonge plus qu'à perir.

Comment la Trifteffe & le De-fefpoir fe ioignent. Il peut naiftre icy vne difficulté fur l'v-
nion de ces deux Paffions, n'eftant pas vray-
femblable que l'ame puiffe en mefme temps
fe refferrer par la Trifteffe, & fe relafcher
par le defefpoir. Mais ce n'eft pas icy le lieu
de la decider, ce fera au Chapitre du Defefpoir où nous montrerons que s'affermir
& fe relafcher font contraires & incompa-
rables, mais non pas fe refferrer & fe relafcher ; qu'auffi l'appetit ne peut pas en
vn mefme moment s'affermir & fe relafcher

c’eſt à dire former l’Eſperance & le Deſeſpoir, mais qu’il peut ſe reſſerrer & ſe relaſ-
cher par la ᴛriſteſſe & par le Deſeſpoir.
Qu’en tous cas cès mouuemens ſe peuuent ſuyure l’vn l’autre auec tant de viſteſ-
ſe qu’ils ſemblent ſe faire en meſme temps.
Et peut eſtre que c’eſt pour cela qu’vn homme affligé ne ſent pas ſa Douleur ſi forte
quand il tombe dans ce grand abbatement d’ame, & que *l’Inſenſibilité* où il eſt
vient en partie du changement & de l’interruption qui ſe fait dans le mouuement
de la Triſteſſe. Ie dis, en partie, parce qu’elle
procede auſſi de la diſſipation de la chaleur naturelle & des eſprits que cauſe vne
longue & profonde ᴛriſteſſe quand la Crainte & le Deſeſpoir ont refroidy le cœur,
comme nous auons monſtré cy-deuant.
Car la chaleur naturelle eſtant alors affoiblie & les eſprits eſtant en petite quantité, toutes les actions du corps & de l’ame
ſe font laſchement, l’eſprit s’abbat & deuient *hebeté*, le *corps eſt languiſſant & immobile*; ᴇᴛ à voir vn homme en cét eſtat, on
peut croire ce que la Fable a dit de Niobé,

qui fut changée en rocher apres auoir veu mourir tous ſes enfans.

Quoy que la Colere ait vn mouue-ment different de celuy de la Triſteſſe, il arriue pourtant tres-ſouuent qu'elle ſe ioint & ſe meſle auec elle, mais ce n'eſt pas auec la violance ny auec les tranſports qui luy ſont ordinaires, principalement ſi la triſteſſe eſt profonde & de longue du-rée. Car l'ame n'eſt alors ſuſceptible que de quelques legers mouuemens de deſpit ou d'indignation; d'autant qu'ell' eſt ou ſe croit eſtre ſi foible qu'elle n'oſe pas ſe ha-zarder à faire de grandes attaques; Elle ſe contente des petites où ſa foibleſſe l'en-gage, parce qu'ell' eſt au meſme eſtat que ſont les malades, les pauures & les vieil-lards qui ſe depitent & ſe mettent en colere pour les moindres choſes faſcheuſes qu'on leur dit ou qu'on leur fait, ſe figurant qu'on les meſpriſe à cauſe de leur foibleſſe. Il en eſt de meſme de ceux qui ſont affligez, ils s'imaginent que l'impuiſſance & le mal-heur où ils ſont les expoſe au meſpris &

aux

aux iniures, & que la pluspart des choses
les offense, c'est pourquoy ils se faschent &
se depitent ; mais ces esmotions sont courtes & legeres, parce que outre que souuent les causes en sont foibles, elles arriuent
à la fin de la Tristesse où l'ame n'est plus
capable de grands efforts. Car il est vray
qu'au commencement il s'en void qui se
laissent emporter aux plus violans transports de la colere, parce que l'ame sent encore ses forces, & qu'elle les trouue egales
à la grandeur des iniures qu'elle souffre.
Quoy qu'il en soit on ne peut douter qu'vn
homme Triste n'ayt vne grande disposition
à la Colere, puis qu'il a desia la moitié de
cette Passion qui est vn melange de la
douleur & de la hardiesse, comme nous
auons dit; et que s'il y a des temps où il n'en
soit pas touché, ce ne peut estre que par
l'insensibilité & par la foiblesse extreme
que l'excez & la longueur de l'affliction
luy causent. Car estant insensible il ne sent
point l'iniure & n'en souffre par consequent aucune douleur : & s'il est extremement foible, il ne peut pas attaquer le mal

Bb

ny former aucun mouuement de hardieffe: Or fans l'vne & l'autre de ces Paffions
on ne peut fe mettre en colere.

Vn hom-
me Trifte
eft hum-
ble, & ne
contredit
perfonne,
& n'eft
point opi-
niaftre.

La Trifteffe n'eft point fuperbe ny con-
tredifante, ell'eft *humble & docile*, parce
qu'ell'eft foible, & timide, car en cét eftat
elle ne fe croit pas capable de s'efleuer fur
les autres ny de les irriter par la contefta-
tion; c'eft pourquoy elle fe foubmet facilement aux fentimens d'autruy, & ne veut
point fouftenir fes opinions auec opinia-
ftreté.

Comment
la Trifteffe
peut cau-
fer la folie.

Il arriue quelquefois que la Dou-
leur eft fi violante *qu'elle fait perdre tout*
à fait l'efprit, en forte qu'on ne paroift pas feulement hebeté, comme nous
venons de dire, mais qu'on deuient fou &
extrauagant. Et cela vient fans doute de
ce que la commotion qui fe fait dans les
Efprits eft fi grande, qu'elle altere les organes de l'imagination & change l'ordre
des Images qui font dans la memoire; en
fuite dequoy il faut de neceffité que les
penfées & les paroles foient extrauagan-

tes. Cela n'eft pourtant pas particulier à
la Trifteffe, car la Peur a produit fouuent
le mefme effect; et generalement parlant,
il n'y a que les Paffions fafcheufes qui y
foient fujetes, encore faut-il que ce foit
dans les ames foibles, & en ceux qui ont
la fubftance du Cerueau fort molle, parce
que les impreffions s'y font plus facilement, & qu'ils n'ont pas dequoy leur refifter: D'autant que ces Paffions là affoibliffent les organes en faifant fuir les efprits,
au lieu que celles qui font agreables les
refpandent par tout & fortifient ainfi toutes les parties. De forte que le Cerueau
eftant deuenu plus foible par la fuite des
Efprits qui fe retirent & fe refferrent vers
leur centre, & fa fubftance eftant molle &
facile à fe diffoudre, il ne faut pas douter
que l'agitation vehemente n'y rompe les
parties les plus delicates qui feruent à l'i-
magination, & qu'elle ne confonde les ef-
peces qui font dans la memoire: Ce qui
n'arriue pas dans les paffions agreables où
les efprits fortifient & affermiffent les organes. On parle à la verité de la maladie

erotique, qui eſt vne folie cauſée par la vehemence de l'amour. Mais ce n'eſt pas proprement l'Amour qui la fait naiſtre, c'eſt
la Douleur, le Deſeſpoir, & les autres
peines d'eſprit qui accompagnent ordinairement cette Paſſion; et on n'a iamais veu
vn Amant content qui ſoit tombé en cette maladie.

*La Triſteſ-
ſe eſt ſu-
perſtitieu-
ſe.*

La Triſteſſe eſt ſuperſtitieuſe, parce qu'ell'
eſt foible, & que la ſuperſtition procede
de la foibleſſe comme nous auons amplement monſtré au Chapitre de la Hardieſſe. Et certainement vn homme qui eſt
accablé ſous le mal, qui n'a point de force
pour s'en releuer, & qui ne void perſonne qui luy puiſſe donner ſecours, ne peut
faire autre choſe que de recourir au Ciel,
qui eſt le dernier reffuge des malheureux.
C'eſt pour cela que la Triſteſſe porte au commencement les hommes à la pieté, qu'elle leur fait reconnoiſtre la Iuſtice de Dieu
qui les chaſtie, qu'elle leur fait implorer
ſa bonté pour les ſoulager, & qui les fait
enfin ſoubmettre à ſa Prouidence. Mais

elle paſſe ſouuent au delà & les fait tomber dans la ſuperſtition qui les engage en
de vaines obſeruations & en des ceremo-
nies ſuperfluës, par leſquelles ils penſent
flechir pluſtoſt la Iuſtice Diuine : Parce que
la deffiance qui accompagne touſiours la
foibleſſe, leur fait croire que Dieu eſt difficile à contenter, qu'il n'y a point de deuoirs qui le ſatisfacent, & que par conſequent il ne faut iamais oublier dans le cul-
te qu'on luy rend aucun acte de religion
quelque extraordinaire qu'il ſoit.

Mais auec tous ces ſentimens là,
elle s'eſchappe quelquefois en des plaintes impies & en des blaſphemes qu'elle fait contre ſa Prouidence. Ce n'eſt pas
pourtant la Triſteſſe qui eſt proprement
cauſe de ces extrauagances, c'eſt le deſpit
& l'indignation qu'elle conçoit de ſe voir
plus mal traitée qu'elle ne croit meriter.
Et la ſource de ces paſſions eſt l'orgueil
qui eſt naturel à l'homme, qui de temps
en temps ſouſleue l'ame & luy donne des
ſentimens d'excellence & d'amour propre,

dans lefquels elle fe perfuade qu'ell' eft in-
dignement traitée. Mais ces boutades auffi
bien que les refolutions qu'elle prend en
fuite de fupporter conftamment fon infortune, ne font pas de longue durée, comme nous auons dit, parce que la Douleur
la fait incontinent reffouuenir de la foibleffe où ell' eft qui la iette dans la langueur
& dans le Defefpoir.

Car il eft certain que le Defefpoir, la
Langueur, la Pareffe, la Negligence, qui
fe remarquent dans cette Paffion, font des
effects de la foibleffe. Nous l'auons defia
monftré pour ce qui concerne le Defefpoir.

*D'où viět
la Lan-
gueur.* Et quant à la *Langueur* quoy qu'il femble qu'elle foit propre au corps quand li
dechet peu à peu & qu'il perd fes forces
par la longueur du mal. Neantmoins on
ne fçauroit douter que l'ame ne la reffente
comme luy, non feulement quand elle compatift à la fienne, & qu'elle ne peut faire
fes fonctions par la foibleffe de fes organes:

Mais encore quand la longueur de la peine qu'elle fouffre luy a ofté le courage:
c'eft ainfi qu'elle languift d'amour, que
l'ennuy la fait languir, & qu'vne longue
Trifteffe la fait tomber dans la Langueur,
qui n'eft autre chofe qu'vn abatement &
vne defaillance qui luy furuient par l'opinion qu'ell' a de fa foibleffe.

La Pareffe vient auffi de la mefme four- *La Pareffe*
ce, car ce n'eft autre chofe que la repugnance que l'ame a pour agir, qui produit
en elle vne certaine pefanteur ou engour-
diffement qui l'empefche de fe mouuoir.
Or il eft certain que cette repugnance ne
procede que de la peine qu'elle s'imagine
de trouuer dans l'action; & que fi elle fe
croioit affez forte pour la furmonter, elle
n'auroit pas cette imagination, ny par
confequent la repugnance qui en eft comme vne fuite neceffaire. L'ame qui eft
donc affoiblie par vne longue affliction,
deuient pareffeufe, parce qu'elle fe deffie
de fes forces, & qu'elle n'a pas le courage
d'entreprendre aucune chofe.

La negli-
gence.

La Negligence eſt auſſi vne ſorte de Pareſſe, car c'eſt comm'elle vne repugnance
de la volonté; mais la Pareſſe fuit la peine
qu'il y a de faire les choſes, & la Negligence fuit la peine qu'il y a à connoiſtre & à chercher ce qu'il faut faire.
Auſſi l'vne & l'autre eſt fondée ſur la difficulté, & la difficulté vient de la foibleſſe, comme nous auons dit. Il ne faut
donc pas s'eſtonner ſi vne perſonne affligée eſt negligente, & ſi quittant le ſoin de
ſes affaires propres & de celles d'autruy,
ſans ſe ſoucier plus d'amis ny d'ennemis,
de debuoirs ny de reſſentiment, elle deuient *Sauuage*, *Jnciuile*, *Inſenſible*. Mais
ce qui ayde encore à tout cela, c'eſt qu'elle ne ſonge qu'à ſon mal, & qu'eſtant
comm' abyſmée dans la profonde Triſteſſe qu'elle ſouffre, elle n'a pas la liberté de
porter ſa penſée ailleurs, & eſt contrainte
d'abandonner tous les ſoings qui l'auoient
autrefois occupée. Iuſques là meſme qu'el-
l'en oublie le boire & le manger, & qu'elle
ſe priue non ſeulement des choſes qui
ſont de la bienſeance, mais encore de cel-

les

les qui font neceffaires à la vie.

La Trifteffe *hait la lumiere*, parce que celle-cy caufe vn mouuement contraire à celuy dont l'ame eft agitée, car elle attire les Efprits en dehors, & contraint l'ame de les fuyure contre l'inclination qu'elle s'eft donnée. Ce n'eft pas pourtant que la lumiere attire veritablement les Efprits, ce font eux qui fe portent d'eux-mefmes vers elle à caufe qu'ils font effentiellement lumineux, comme nous auons monftré au Liure de la Lumiere, & que chaque chofe tafche de s'vnir à fon femblable.

Par vne raifon contraire la Trifteffe doit aymer *l'Obfcurité*, qui fait retirer les Efprits en dedans, & les fait par confequent mouuoir conformement à l'efmotion que l'ame s'eft donnée. C'eft pourquoy vn homme affligé ayme les lieux fombres & les couleurs obfcures : ET la couftume mefme qui veut qu'on tefmoigne fon dueil par les habits noirs, par le repos, par le filence, & par la demeure

qu'il faut faire en des chambres retirées &
obscures, nous monstre bien que tout cela
est conforme à l'estat où l'ame doit estre :
et que qui feroit autrement, agiroit contre la bienseance & contre la nature de la
Passion qu'on doit ressentir. A quoy il
faut adiouster que l'ame qui est toute occupée à considerer le mal qui la presse,
n'en veut pas estre diuertie par la veuë
des diuers objets qui se pourroient presen-
ter à elle ; c'est pourquoy elle ne recherche
pas seulement l'obscurité, mais ell' ayme
encore la solitude qui l'exempte des visi-
tes & des compagnies qui la destourne-
roient de ses plus cheres, quoy que fascheuses resueries.

La nuit est fauorable à la Tri-stesse. Et c'est en cela que *la nuit* luy est la
plus fauorable, puis qu'auec l'obscurité
elle porte la solitude auec elle ; et qu'elle
luy fournit toutes les choses qui peuuent
entretenir & accroistre sa Passion. Car
toutes les plus fascheuses pensées que la
douleur luy a peu inspirer dans tout le progrez qu'ell' a fait, reuiennent alors dans sa

memoire auec vn appareil bien plus af-
freux & plus funeste qu'auparauant.
Elle ne confidere plus fon infortune que
comme vn abyfme de malheurs où elle va
perir : Tous les dangers où elle s'eftoit
imaginée de pouuoir tomber luy paroiffent
ineuitables : Enfin la terreur fe ioint à fes
apprehenfions, & le defefpoir fait fouuent
le dernier acte & la cataftrophe de cette
efpouuantable Paffion.

La raifon de tous ces effects vient premierement de ce que durant la nuit l'ame
n'eft point diuertie par les obiets des fens
qui ont accouftumé de partager l'efprit &
d'affoiblir par confequent les penfées que
l'on a des biens ou des maux : Et qu'en cét
eftat elle fe figure le mal plus grand qu'il
ne luy auoit paru, y adiouftant de nouuelles circonftances, & le confiderant dans
toutes les dangereufes fuites qu'il peut
auoir. Car tout cela accumulé enfemble,
le luy reprefente plus facheux, & par confequent plus grand qu'elle ne s'eftoit imaginé.

Secondement comme l'ame a naturellement vne certaine horreur contre les tenebres (d'où vient que les femmes & les enfans ont peur la nuit, & se forment des phantosmes conformes à l'obscurité où ils sont) non seulement parce que l'on est alors plus exposé aux dangers estant priué de la lumiere qui les fait reconnoistre, mais encore parce que l'ame qui ne peut faire aucune action sans la clarté des Esprits, comme nous auons monstré au traité de la Lumiere, s'imagine que les tenebres de la nuit la doiuent obscurcir & empescher par consequent ses fonctions. C'est pourquoy elle tombe dans le mesme estonnement & dans la mesme crainte qu'elle souffre dans les maladies melancholiques quand quelque vapeur grossiere se mesle auec les Esprits qui en altere la splendeur & la pureté.   Cette horreur, dis-je, que l'ame a contre les tenebres, cét estonnement & cette crainte qui la saisissent en suite se joignant aux Passions qui la trauaillent, accroissent sa peine & luy font paroistre ses maux plus grands & plus fascheux.

Quelles sont les Causes des Charactères corporels de la Tristesse.

PVISQVE dans les Passions l'ame excite & imprime sur le corps les mesmes mouuemens qu'elle souffre en elle-mesme, il ne faut pas douter que le Cœur & les Esprits n'y soient les premiers agitez, parce qu'il n'y a point de parties qui soient si mobiles qu'eux, ny qui soient si proches du principe du mouuement. Car l'appetit qui est le premier moteur de toutes les agitations qui se font dans le corps, à son principal siege dans le cœur; & le Cœur est la source où naissent & se forment les Esprits. De sorte qu'ils sont tous deux plus proches du principe d'où partent les ordres & les commandemens de l'ame; et par consequent ce sont eux qui doiuent obeïr les premiers, & qui reçoiuent en effect la premiere impreſſion de ſes mouuemens.

Sur ce fondement que nous auons tant de fois propoſé, nous pouuons aſſeurer que *la Contraction des Eſprits & le ſaiſiſſement du Cœur*, ſont les deux premiers effects que la Triſteſſe produit dans le Corps. Parce que l'ame ſe retirant & ſe reſſerrant en elle-méme dans cette Paſſion côme nous auons montré, il faut qu'elle communique les meſmes mouuemens au Cœur & aux Eſprits auant que les autres parties s'en reſſentent : et ces mouuemens font la Contraction & le Saiſiſſement dont eſt queſtion.

Nous ne voulons parler que du dernier, parce que nous auons examiné aux diſcours precedans de quelle maniere la Contraction des Eſprits ſe faiſoit. Et ſi nous venons de la propoſer de nouueau, c'eſt à cauſe de la connexion qu'elle a auec le mouuement du Cœur, & que ce ſont deux effects qui concourent enſemble à la production de beaucoup d'autres. Car c'eſt d'eux que procedent l'oppreſſion, & le poids que l'on ſent dans la poitrine, les friſſons, les deſfaillances, les ſoupirs & autres ſemblables dont nous parlerons cy-apres.

Le Saisissement du Cœur est donc vn mot
qui a esté emprunté de ceux qui sont sai-
sis & arrestez par quelque force estrange-
re ; Car il semble qu'il y a quelque chose
qui saisit & qui arreste ainsi le Cœur, en sorte qu'il ne peut plus se mouuoir auec sa liberté ordinaire. Or cela vient de ce qu'il se
resserre subitement, suyuant en cela le mouuement de l'appetit qui est agité de la mesme sorte : Car estant en cét estat il ne peut
s'ouurir ny se dilater comme il faisoit auparauant, & se trouue contraint dans son
mouuement. Et alors on dit *qu'on a le*
Cœur saisy. Car quoy que l'on die aussy
qu'on a le cœur serré, & que cela soit veritable, neantmoins il semble que la premiere façon de parler marque bien mieux
la surprise & la premiere violance que
l'ame souffre, que ne fait pas l'autre ; puisque dans tout le cours de la Tristesse on
peut dire que l'on a le Cœur serré, mais
non pas si proprement, qu'on a le cœur
saisy. Quoy qu'il en soit le cœur se resserre tout autant de temps que dure la Tri-

ſteſſe. Mais ce mouuement eſt plus fort au commencement que dans le progrez & à la fin de cette paſſion , parce qu'alors le mal paroiſt à l'ame plus faſcheux & plus ſenſible , n'eſtant point encore accouſtuméc à le ſouffrir ; c'eſt pourquoy elle le fait auec plus de ſoin : Au lieu que par la longue ſouffrance elle contracte vne certaine habitude & ſocieté auec luy qui le luy rend plus ſupportable. Si ce n'eſt lors que quelque nouuelle circonſtance ſe preſente à elle qui irrite ſa douleur & qui aggraue le mal qu'elle ſent: Car alors la Contraction qu'elle s'eſt-donnée s'augmente & deuient plus forte. Mais en toutes ces diuerſes rencontres le Cœur ſe reſſerre à proportion comme elle. C'eſt pourquoy l'oppreſſion de l'eſtomach & les autres accidens qui la ſuyuent ſont plus grands au commencement ; leſquels on ne ſent preſque pas dans le progrez de la paſſion.

Le cœur ereſſerre. Il faut neantmoins remarquer que le Cœur ſe peut reſſerrér en deux façons. Premierement à l'eſgard de ſes cauitez qui deuiennent plus petites & plus eſtroites , ne

pouuant

pouuant s'eſlargir comme à l'ordinaire:
Secondement à l'eſgard de ſa ſubſtance qui
ſe rend plus dure & plus ſolide, ſes chairs
ſe preſſant & ſe ramaſſant les vnes contre
les autres. En quelques Paſſions comme
dans la Colere, cette contraction ne ſe fait
que dans ſa ſubſtance, parce que la Hardieſſe ſe ioint à la Douleur, & eſlargit ſes
cauitez : Au contraire dans la Compaſſion
& dans le Chagrin la ſubſtance du Cœur
ne ſe reſſerre preſque pas, il n'y a que ſes
cauitez : parce qu'il faut que l'ame ſoit fort
preſſée du mal pour faire ces deux contractions enſemble, & que dans ces dernieres
paſſions le mal eſt trop foible pour l'obliger à tant de precaution, ſe contentant de
celle qui eſt la plus facile à faire. Mais dans
la Triſteſſe & principalement en celle qui
eſt grande & profonde, l'vne & l'autre ſe
fait en meſme temps; parce que l'ennemy
eſt ſi preſſant qu'il n'y a rien que l'ame
vueille oublier pour ſe garantir de ſes attaques. Or la marque euidente & demon-
ſtratiue que le Cœur s'y reſſerre en toutes
les deux manieres; c'eſt que le Pouls y eſt

D d

dur & petit. Car fa petiteffe montre que le Cœur ny les arteres ne s'ouurent pas tant qu'à l'ordinaire : Et fa dureté fait connoiftre que leur fubftance s'y eft affermie, & qu'elle refifte dauantage au toucher. Il y a neantmoins cette difference que plus la Trifteffe va en auant, & plus la petiteffe du Pouls s'augmente, parce que les forces diminuent toufiours dans le progrez de cette Paffion : Au lieu que la dureté y diminuë, d'autant qu'elle fuit la contraction du cœur qui n'eft pas fi forte à la fin qu'au commencement, comme nous auons dit, & comme nous monftrerons encore à l'article du Pouls de la Trifteffe.

Le Poids, l'oppreffion, la difficulté de refpirer.

En fuite de cette Contraction du Cœur les Efprits qui s'y retirent en foule & auec precipitation y ameinent auffi le fang auec lequel ils font meflez : Et comme fes cauitez qui fe font retreffies n'en peuuent pas contenir vne fi grande abondance comme eft celle qui y accourt, il faut que les vaiffeaux qui font à l'entour s'en rempliffent & fe chargent de tout le fardeau. Et c'eft là ce qui donne ce *poids que l'on troit auoir dans la poitrine*, & qui cauſe en meſme temps *l'oppreſſion & la difficulté que l'on a de reſpirer.* Car toutes les veines du poulmon qui portent le ſang au Cœur eſtant enflées & tenduës extraordinaire-ment par la quantité du ſang qui y eſt retenu, empeſchent que les Poulmons ne ſe puiſſent ſi facilement ouurir & receuoir par conſequent l'air qui y deuroit entrer. C'eſt pourquoy la poitrine fait de grands efforts pour ſuppleer à la pareſſe des poul-mons, & s'eſleue beaucoup plus qu'à l'or-dinaire, & plus meſme que la reſpiration ne porte, qui ne reſpond pas à cette ele-uation. Mais ce qui augmente encore cet-te difficulté c'eſt la contraction qui ſe fait dans la ſubſtance & dans les cauitez des poulmons. Car il y a grande apparence que puiſqu'ils ſe reſſerrent dans la colere com-me dit Hippocrate, & que l'ame imprime le mouuement dont elle eſt agitée en tou-tes les parties qui en ſont ſuſceptibles, celle-cy qui eſt molle & qui reſiſte peu aux impreſſions qui luy ſont faites, le reçoit plus facilement que le Cœur meſme, où

D d ij

quelque autre que ce foit. Or fi cela eft ainfi la contraction qu'elle fouffre non feulement dans fa fubftance mais encore dans les arteres qui donnent paffage à l'air, eftant iointe à la plenitude des vaiffeaux , doit rendre la difficulté de refpirer bien plus grande & l'oppreffion plus incommode.

Les Soupirs. Auffi la Nature qui connoift le defordre où cela la met , fait de *grands & de longs foupirs* pour recompenfer par eux le peu de refraifchiffement qu'elle reçoit d'vne refpiration fi contrainte. Il eft vray qu'apres que cette oppreffion eft ceffée, elle ne laiffe pas d'en faire vne infinité d'autres durant tout le progrez de la Trifteffe. Mais ceux-cy viennent en partie de la forte attention que l'ame apporte à confiderer fon mal : Car cét attachement la détourne & luy fait perdre le fouuenir des actions qu'elle doit faire ; c'eft pourquoy la neceffité l'obligeant d'y remedier, elle fait de temps en temps de grands foupirs pour fuppleer au deffaut de la refpiration. Mais outre le foulagement qu'elle reçoit de l'air qu'ell' attire ainfi , elle croit qu'en le

chaſſant apres, elle chaſſe auec luy vne
partie du mal, comme nous auons deſia
dit cy-deſſus. Et de fait elle ne ſe trouue pas ſi ſoulagée en attirant l'air, qu'en
le faiſant ſortir; parce que c'eſt alors qu'elle penſe s'eſtre deſchargée d'vne partie de
ſa douleur, & qu'en effect elle vuide quantité de fumées qui eſtoient retenuës dans
le cœur, & qui l'incommodoient.

Les Sanglots qui interrompent ſi ſou- *Les San-*
uent la voix & l'haleine ont preſque les *glots.*
meſmes vſages que les ſoupirs, car ce ſont
des redoublemens qui ſe font dans l'aſpiration, afin d'attirer vne plus grande quantité d'air pour reparer les Eſprits & rafraiſ-
chir le cœur. Dautant que la Nature qui dãs
l'oppreſſion où ell' eſt, ne peut d'vn ſeul
coup attirer tout l'air qui luy eſt neceſſaire,
s'arreſte en chemin & interrompt l'attraction qu'elle fait pour en recommencer
vne autre ſans finir la premiere, en ſorte
que toutes deux en valent vne grande, &
ſuppleent ainſi au deffaut de la reſpiration
qui eſt contrainte dans l'eſtat où la poitrine ſe trouue. On pourroit dire encore

que cela se fait par le tressaillement des nerfs, mais nous examinerons cela au discours des Larmes.

On ne peut parler ny pleurer.

Au reste il ne faut pas s'estonner si durant vn si grand trouble, *l'on ne peut ny pleurer ny parler.* Car pour ce qui est *des Larmes*, les grandes & profondes Tristesses ne les connoissent point au commencement, parce que la Contraction des Esprits est si grande & si generale qu'elle ne permet pas qu'aucune partie en monte au Cerueau pour fondre les humeurs, & pour les faire couler aux yeux. Ioint que l'ame est trop occupée pour auoir la liberté de penser à descouurir l'estat où ell' est. Car nous l'auons desia dit cy-deuant, & nous le montrerons plus amplement au discours des Larmes, elle ne fait pleurer que pour faire connoistre par cette action exterieure l'assiete & la disposition où elle se trouue. Mais dans les mediocres afflictions, & apres que les grandes se font diminuées, ell' a la liberté de faire sortir les Pleurs; parce que la Contraction des Esprits qui

n’eſt pas ſi forte, luy permet d’en enuoyer
vne partie à la teſte pour les faire couler;
& quelle n’eſt pas alors ſi attachée au ſouuenir de ſes maux, qu’elle ne puiſſe s’appliquer aux ſoings qu’elle doit auoir de té-
moigner par ſes Larmes le faſcheux eſtat
où elle eſt.

Mais ces Larmes là ſont *chaudes* au lieu
que dans la Colere elles ſont froides : Ce
n’eſt pas qu’elles ne ſoient egalement chaudes en l’vne & l’autre de ces Paſſions, &
meſmes il eſt vray-ſemblable qu’elles ſont
effectiuement plus chaudes dans la Colere:
mais c’eſt que venant à tomber ſur le viſage qui eſt enflammé par la Colere, elles
y paroiſſent froides, & que dans la Triſteſſe le viſage eſtant refroidy par la fuite
des Eſprits qui ſe ſont retirez au Cœur, elles y paroiſſent chaudes de la meſme ſorte
que l’eau tiede ſe ſent froide quand la
main eſt chaude, & chaude quand la main
eſt froide. C’eſt alors que l’on dit que *Le
Cœur s’attendrit*, parce que la dureté qu’il
auoit par la violante contraction qu’il s’e-
ſtoit donnée, ſe diminuë quand il vient à ſe

relascher, s'amolliſſant en effect & deuenant tendre en quelque façon.

La Parole manque auſſi dans la violance de la douleur. Et le moyen que l'on peuſt parler dans l'oppreſſion que l'on ſent? L'eſtomach eſtant tout panthelant, l'air que l'on reſpire ne pouuant pas meſme ſatisfaire aux plus preſſans beſoins de la vie, & l'ame eſtant toute occupée au reſſentiment qu'ell' a de ſon mal : Non, au lieu de paroles on ne forme que de longs gemiſſemens & des cris pitoyables entrecoupez de ſoûpirs & de ſanglots.

Les gemiſſemẽs. *Les Gemiſſemens* ſont ſi propres à la Douleur, qu'il n'y a point d'autre paſſion qui les faſſe naiſtre ; & meſme on peut aſſeurèr qu'il n'y a gueres que celle des hommes qui les connoiſſe : Car il n'y a point d'autre animal que luy qui gemiſſe dans les douleurs, ſi on en excepte quelques-vns qui ſont en petit nombre. C'eſt donc vne ſorte de Cry languiſſant & pitoyable par lequel l'ame veut donner connoiſſance de la violance du mal dont ell'eſt touchée, & ſoulager foulager la peine qu'ell' endure. Et certainement il faut confeffer que la fin principale qu'elle fe propofe dans cette action, c'eft de demander fecours en faifant connoiftre le befoin qu'ell' en a. Car comme la voix n'a efté donnée à l'animal que pour faire connoiftre fes penfées, la connoiffance qu'il en donneroit dans les maux feroit inutile fi elle ne feruoit à les chaffer par le fecours qu'il demande. Or les Plaintes & les Gemiffemens font les plus preffantes prieres qu'il puiffe employer en cette occafion, puis qu'elles perfuadent plus puiffamment que les paroles, & qu'elles font naiftre la Compaffion qui n'eft occupée qu'à foulager les affligez. C'eft pourquoy elles font plus familieres & plus naturelles à l'homme, parce qu'il eft plus fufceptible de la pitié, & qu'il connoift mieux les deuoirs de la focieté que les autres animaux. Et s'il y en a parmy eux qui fe plaignent & qui gemiffent, ce font ceux qui ont le plus de connoiffance & qui font les plus fociables comme font les chiens, les cheuaux, & quelques autres.

E e

Mais quoy! feroit-il poffible que ce fuft là le veritable motif de ces actions, puis qu'il n'y a perfonne qui penfe à demander fecours quand il gemit, & qu'il y en a mefme beaucoup qui fe plaignent quand ils font feuls,& qui fçauent bien qu'ils ne peuuent eftre fecourus. Il faut refpondre à cela la mefme chofe que l'on dit de la plufpart des effects des Paffions qui fe font pour des fins qui leur font propres & particulieres, dont on ne s'aduife point,& dont l'entendement n'a aucune connoiffance qu'apres y auoir fait vne grande reflexion. Auffi n'eft-ce point luy ny la raifon qui fe les propofe; c'eft la Nature qui pouffe fecretement les animaux à faire leurs actions, & qui forme fes deffeins fans confulter aucune des facultés connoiffantes. Celuy qui rit dans la joye, qui pleure dans la Trifteffe, qui éleue, abbat ou refferre les fourcils en certaines paffions, ne fçait point du tout pourquoy il fait tout cela ; cependant la Nature ne l'ignore pas; & apres que l'on y a bien penfé on découure le motif qu'elle a eu qui eft côforme à la paffion dont l'ame eft agitée. Il en faut dire autant des

Plaintes & des Gemissemés quand on les fait;
c'est pour vne fin particuliere qui n'entre
point alors dans la pensée, mais qui est cachée dansle secret conseil de cette sage In-
telligéce qui gouuerne l'animal & que nous
appellons Nature : C'est pourquoy il ne
faut pas s'estonner si on se plaint quand
on est seul; car outre qu'on pourroit dire
qu'il en est de mesme que quand l'on parle
& que l'on rit ainsi : Cette Intelligence va
toûjours à ses fins sans considerer les circon-
stances & les obstacles qui s'y peuuent opposer; son dessein est de demander du secours dans la Douleur : quoy qu'il ne s'en
trouue point elle ne laisse pas de le demander ; elle fait ce qu'elle doit, & l'animal ne
luy peut reprocher qu'elle l'ait abandon-
né en cette occasion. Apres tout il y a des
personnes qui se plaignent afin qu'on les
plaigne, c'est à dire afin que l'on compa-
tisse à leurs maux. Ce qui fait bien voir
que les Plaintes sont propres à exciter la
Compassion, qui est la source d'où se tire
le secours que les afflictions demandent.
Aussi la maniere dont elles se forment mon-

tre bien qu’elles sont destinées à cét vsage:
car ce ne sont pas des cris violans ny des
voix fortement poussées, elles sont foibles
& ont vn ton lugubre pour montrer la foiblesse & la douleur où l’on est.

Or quoy que la fin principale des Gemissemens soit de demander secours, il y
en a encore vne autre que la Nature se
propose aussi, qui est de se soulager en se
deschargeant par eux d’vne partie de son
mal.   Car comme elle n’a pas vne connoissance exacte de ce qui l’incommode ny des moyens qui sont les plus propres pour s’en deffaire, elle s’imagine qu’en
chassant tout ce qui luy est estranger, elle
chasse le mal auec luy.   C’est pourquoy
elle pousse l’air qui est dans les poulmons,
lequel venant à sortir auec empressement,
cause le son & la voix dont est question ;
et dans l’imagination qu’ell’ a, elle trouue
que l’air & la voix sortant ensemble la des-
chargent d’autant & diminuent vn peu sa
peine ; ainsi qu’il arriue dans les soupirs &
dans les larmes.   Et l’on peut dire de tous
ces mouuemens qu’il en est comme d’vn

homme en colere qui frappe la terre du pied, qui bat les tables & les murailles, comme s'il deuoit repouſſer l'iniure par ces actions qui toutes vaines qu'elles ſoient ne laiſſent pas de le ſatisfaire en quelque ſorte.

Les grands Cris que la Triſteſſe fait ſou- *Les Cris.* uent ietter, ſe font pour les meſmes fins que les Gemiſſemens : mais il y a cette difference que ceux-cy ſe font plus pour demander ſecours que pour ſe ſoulager ; & que les Cris au contraire vont plus à ſe ſoulager qu'à demander ſecours. Auſſi y a-t'il plus d'animaux qui crient quand ils ſouffrent du mal qu'il n'y en a qui gemiſſent ; parce que tous les animaux qui ont la voix taſchent de ſe ſoulager par les Cris qu'ils font ; mais tous ne ſont pas capables de demander ſecours en excitant la compaſſion pour les raiſons que nous auons dites. Quoy qu'il en ſoit ces grands Cris viennent de la violance de la Douleur qui demande vne prompte aſſiſtance, & qui excite l'ame à faire de puiſſans efforts pour la chaſſer. Auſſi ne ſe font-ils ordi-

E e iij

nairement qu'au commencement des afflictions quand l'ame n'a pas encore perdu
tout le courage , & que les forces ne font
pas entierement abatuës : car il eſt certain
qu'à la fin de la Triſteſſe, s'il ſe forme des
Cris, ce ne ſont que des gemiſſemens qui
marquent la foibleſſe où l'on eſt.

Pourquoy les Cris ſont aiguz. Mais il faut remarquer que tous les Cris
de la Triſteſſe *ſont aiguz, à la fin & ſe ter-*
minent en vn ſon lugubre & plaintif. Et cela eſt ſi propre à cette paſſion qu'Ariſtote
a mis entre les ſignes d'vn homme qui eſt
naturellement triſte, la voix qui eſt graue
au commencement, & aiguë à la fin, & a
dit que cela ſe rapporte aux bœufs & à la
conuenance de la voix : En effect le mugiſſement de ces animaux ſe fait ainſi & a
quelque choſe de languiſſant & de lugubre ; ᴇt la Triſteſſe donne aux plaintes le
meſme air & les meſmes accens. Ie ſçay
bien que ceux qui ont traduit Ariſtote
appliquent cela à vn homme colere, mais
nous auons monſtré qu'ils ont mal enten-
tendu le mot δυσθυμικὸς, qui ſignifie vn

homme Trifte & abbatu de courage.

La caufe de cét effect vient de ce que
l'ame pouffe d'abord beaucoup d'air pour
fe defcharger des fumées que la chaleur du
cœur & des poulmons a caufées, croyant
auffi qu'elle doit chaffer fon mal auec elles,
& eflargit en fuite le paffage de la voix qui
fe rend graue par ce moyen. Mais comme le mal la follicite incontinant à fe refferrer, elle fait auffi retreffir ce paffage, qui
caufe la voix aiguë. Outre que dans la foibleffe où elle croit eftre, elle ne peut continuer long temps à pouffer cette grande
quantité d'air, & pour le faire couler plus
moderément elle en rend le chemin plus
eftroit. Et de fait pour monftrer que c'eft vn
effect de fa foibleffe, c'eft qu'outre que la
voix eft lente & traifnante, ces fons aiguz
fe terminent en demi-tons qui font toûjours languiffans, l'haleine eftant trop foible pour les faire monter iufques aux tons
entiers. C'eft pourquoy les airs qui font
Triftes & plaintifs, & qui marquent la langueur de l'ame, n'ont pas le mouuement
vifte & prompt comme ceux qui font gaiz,

& abondent en diæfis & demi-tons; parce que ce font les accens & les voix qui font propres à la foiblefse & à l'abbatement du courage qui fe trouuent en cette Paſſion.

Cela eſtant ainſi il n'eſt pas difficile de rendre raiſon de l'obſeruation d'Ariſtote touchant le mugiſſement des bœufs qui confirmera meſme celle que nous auons apportée. Car ces animaux eſtant d'vn temperament melancholique ont le cœur laſche & les poulmons peſans : c'eſt pourquoy il leur faut faire vn grand effort pour former la voix; ET comme ils ne peuuent le continuer long-temps à cauſe de leur laſcheté, il faut que leur voix deuienne foible, & qu'elle ſe termine en ces tons languiſſans dont nous venons de parler. Ce qui arriue auſſi aux hommes qui font naturellement Triſtes, car ils font melancholiques & ont le courage abbatu comme ces animaux.

Il faut neantmoins prendre garde que quand i'ay parlé d'vne plus grande ou plus petite ouuerture des paſſages de la voix, ie n'ay pas pretendu que ce fuſt la cauſe prochaine

chaine & immediate des sons graues & aiguz, puisqu'il y en a qui ne se font par aucune ouuerture comme ceux qui se font
par les chordes des instrumens de musique, & qu'vne mesme ouuerture peut causer les vns & les autres comme l'on void
dans les fleustes qui forment vn son plus ai-
gû quand on les souffle plus fort qu'auparauant. Ce n'est pas mon dessein de chercher icy cette cause immediate, c'est vne
chose enuironnée de tant de difficultez qu'il
n'est pas à propos de charger ce discours de
toutes les raisons qu'il faudroit employer
pour destruire les opinions communes, &
pour en establir vne nouuelle. C'est assez
pour nous que toutes soient d'accord que
selon que l'ouuerture des passages de la voix
est plus large ou plus estroite, elle la rend
graue ou aiguë.

Les Frissons qui arriuent dans la Tristes- *Les Fris-*
se viennent de la fuite des Esprits qui en se *sons.*
retirant au cœur, abandonnent les parties
exterieures. Quelquefois mesme cette fuite est si precipitée qu'elle fait cesser la fon-

F f

çtion des sens, & qu'elle opprime si fort le cœur par l'abondance du sang qu'ell'y ameine, qu'il ne peut plus faire ses mouuemens, d'où vient *le Defaillance*. Mais pour l'ordinaire cela n'arriue qu'aux complexions foibles & délicates, comme aux femmes, aux malades & autres semblables.

Les actiōs de desespoir.

Mais que dirons nous de ces actions extrauagantes que quelques-vns font quand ils tombent en quelque grand malheur, *qui tordent les bras & les mains, qui se frappent la poitrine & les cuisses, qui s'arrachent les cheueux & s'esgratignent le visage, & qui se battent la teste contre les murailles.* C'est sans doute ce Desespoir furieux que nous auons dit estre familier au commencement des grandes afflictions, qui est cause de tous ces dereglemens. Mais il n'est pas aisé de dire quel est le motif qui oblige l'ame à les faire. Car ce ne sont pas des actions qui soient particulieres à certaines nations & à certains temps; elles sont cōmunes à tous les païs & à tous les siecles; et si nous les voyons faire maintenant, Homere & les

autres Poëtes qui font les Peintres veritables des Paſſions , les ont auſſi fait faire à
leurs Heros. Agamemnon auec toute ſa
ſageſſe s'arrache les cheueux apres la victoire des Troyens ; Achille en fait de meſme
& ſe defigure le viſage à la mort de Patro-
cle ; Mars meſme ſe frappe les cuiſſes au
ſouuenir qu'il a de la mort de ſon fils Aſ-
calaphe ; et Auguſte ſe bat la teſte contre
les murailles apres la deffaite de Varus. De
ſorte qu'il faut tenir pour conſtant que ce
ſont des actions qui ſont tout à fait naturelles à la Triſteſſe.

Or parce qu'il y a deux ſortes d'Effects
naturels , les vns qui ſe font pour quelque
fin , les autres qui ſe font par pure neceſſité , & qui ſuruiennent à d'autres par vne
ſuite ineuitable ſans que la nature ait deſſein de les produire , comme les rides qui
viennent en ſuite du mouuement des parties & autres ſemblables. Il eſt certain que
toutes les actions dont eſt queſtion , eſtant
des mouuemens volótaires , ne ſe font point
ainſi , & qu'il faut que l'Ame ſe propoſe vne
fin particuliere qui l'engage à les faire.

F f ij

Il faut donc presupposer pour les raisons que nous auons dites cy-deuant, que l'Ame est alors saisie d'vne certaine fureur desesperée qui la met hors d'elle-mesme & qui l'empesche de connoistre & de faire les choses ainsi qu'elle deuroit: Comme le mal est donc dans sa pensée, & qu'elle sent l'oppression qu'il cause dans la poictrine, elle s'imagine, dans le trouble où ell'est, qu'en s'arrachant les cheueux & s'égratignant le visage, elle doit emporter vne partie de sa douleur; et qu'en frappant sa poictrine & se battant la teste contre les murailles, elle la doit étouffer ou la faire sortir. Mais se trouuant impuissante à la chasser par là, elle roidit les bras & les mains, qui sont les instrumens dont elle se sert pour se deffendre, soit pour les denoüer, afin de se preparer au combat à la mode des luitteurs, soit qu'elle les resserre pour se fortifier. Tantost elle les éleue & les laisse incontinant apres retomber sur les cuisses, voyant qu'ils luy sont inutiles, comme nous dirons cy-apres. Elle fait mesme déchirer les vestemens, *ora, comas, vestem lacerat*, soit qu'elle pen-

se ainsi emporter par pieces le mal qu'elle
sent, soit qu'en se dépoüillant elle cherche
du soulagement à l'oppression qu'elle souffre ; soit enfin qu'elle veuille monstrer par là
comment elle se sent déchirer le cœur & les
entrailles par la violance de la douleur. Car
tout cela n'est pas plus difficile à croire, que
ce que fait vn hôme qui est en colere, quand
il frappe la terre du pied & qu'il bat les murailles, ou quand il rompt l'espée qui n'a pas
fait le coup qu'il desiroit, pensant se vanger
ainsi de l'iniure qu'il a receuë. Enfin toutes
les Passions sont pleines de ces illusions, qui
representent à l'Ame les choses tout autrement qu'elles ne sont, & qui luy font faire
cent actions inutiles & extrauagantes. Mais
tout extrauagantes qu'elles soient, elles ont
quelque conformité auec la fin iuste & raisonnable que la Passion doit auoir. Car
dans celle-cy l'Ame veut chasser le mal &
soulager sa peine, & cela est raisonnable ;
mais les moyens dont elle se sert ne sont pas
proportionnez à ces motifs-là, parce que
l'imagination qui les employe ne sçait pas
choisir ceux qui sont propres pour cét effet.

Et l'on peut dire, qu'elle fait icy comme dans les songes, quand elle se forme des images qui ont quelque rapport auec l'humeur qui domine dans le Corps, quoy que la representation qu'elle en fait soit tres-imparfaite. Aussi, à parler veritablement, l'Imagination fait en ces rencontres tout ce qu'elle peut, parce qu'elle n'a pas plus de connoissance ; ET le desordre est proprement dans l'Entendement, qui troublé par la Passion, s'abandonne à la partie inferieure, & luy laisse faire toutes ces vaines actions, sans la vouloir empescher.

Ce sont-là les principaux Characteres, qui accompagnent les commencemens de la Tristesse. Examinons maintenant ceux qui se font dans son progrez, & suyuant la methode que nous auons tenuë aux autres Passions, commençons par *les Regards*.

Les Regards languissans. Ceux qui sont les plus propres & les plus familiers à la Tristesse, sont ceux que l'on appelle *Languissans*, ils se font par vn mouuement d'yeux foible, lent & mal-asseuré : car vn homme qui regarde ainsi, tourne lente-

ment les yeux fur les obiets , & fans y arrefter fixement fa veuë, il la retire auec la mefme pefanteur qu'il l'y auoit portée. Ariftote adjoufte que les Paupieres s'y doiuent abbaiffer iufques fur la prunelle ; κỳ μεσὸν τῆς
ὄψεως ; mais quoy que cela fe faffe fort fouuét,
il n'eft pas neceffaire : Dautant que l'on peut
eleuer les yeux & former ces fortes de Regards : car quand vne perfonne affligée
tourne pitoyablement la veuë vers le Ciel ou
qu'elle regarde ainfi ceux dont elle implore
le fecours, les paupieres ne font point alors
abaiffées. Il faut donc dire que hors les occa-
fions où l'on eft obligé de regarder en haut,
les paupieres fe doiuent tenir baffes & fe
mouuoir lentement , comme le corps de
l'œil, felon la remarque d'Ariftote, qui dit,
que cela fe rapporte aux femmes & à la
conuenance, c'eft à dire à la Paffion qui a
accouftumé de former ces Regards. Où il
faut remarquer, pour l'intelligence de cecy,
qu'il ne propofe pas les Regards ny les yeux
languiffans pour des effets & des fignes de
la Paffion prefente, mais feulement pour des
fignes de l'inclination & de la difpofition

que l'on y a. Et comme c'eſt vne regle generale, que ceux qui ont naturellement le meſme air, qui ſe trouue dans vne Paſſion, ſont
enclins à la meſme Paſſion ; pour eſtablir les
ſignes qu'il donne des inclinatiós, il dit qu'ils
ſont propres àla Paſſion, & c'eſt ce qu'il appelle ἐπιπρέπεια, decence, conuenáce. Et parce
que les Regards & les yeux languiſſans ſignifient deux ſortes d'inclinations comme
il dit, à ſçauoir la Triſteſſe & le naturel effeminé, c'eſt auec raiſon qu'il les rapporte
aux femmes qui les ont ainſi, & à la langueur qui accompagne la Triſteſſe où le
meſme effet ſe rencontre.

Le mouuement des yeux & des paupieres eſt donc lent & peſant en ces ſortes de
Regards, parce que l'Ame qui ſe ſent foible
ſe remuë lâchement, & fait mouuoir ſes
organes de la meſme maniere : ioint que
les Eſprits en ſe retirant au Cœur, abandonnent ces parties, & il y en demeure ſi peu,
que l'Ame n'oſe hazarder de grands ny de
prompts mouuemens ſur vn ſi foible ſecours. Car enfin elle fait en ces rencontres comme vn homme qui ſe deffie de ſes

forces

forces ; quoy qu'il peuft faire quelques
actions affez vigoureufes s'il fe vouloit
contraindre : Neantmoins le fentiment
qu'il a de fa foibleffe le retient & le rend
pareffeux ; et il ne s'engage à aucune action qui ne foit proportionnée à l'eftat
où il croit eftre. L'ame en fait de mefme
dans les Naturels qui font mols & effeminez , & en ceux qui tombent en quelque
pafsion languiffante telle qu'eft l'Amour,
le Defir, la Trifteffe, & autres femblables.
Elle auroit fans doute affez de forces pour
faire faire aux organes des mouuemens
prompts & vigoureux, & principalement
aux yeux qui font fi obeïffans & fi mobiles : Mais la deffiance qu'ell' a de foy-mefme luy ofte tout le courage , elle n'entreprend aucune action pour ainfi dire qu'en
taftonnant, & ne la fait iamais qu'à de-
my. C'eft ce qui arriue dans les Regards
dont nous parlons. Il femble que les yeux
n'ofent fe mouuoir, & que la veuë ne fe
peut affermir fur les objets ; les paupieres
qui deuroient fe hauffer pour les voir plus
diftinctement,fe tiennent baifsées;& quand

Gg

elles fe releuent, c'eft auec vne pareffe qui marque la lafcheté & la foibleffe où l'Ame fe trouue. Et cela ne fe fait pas feulement en ceux qui font actuellement dans la Paffion, mais encore en ceux qui ont le naturel mol & effeminé, & qui n'ont que la difpofition & l'inclination à la Trifteffe & à la langueur. Car tout de mefme qu'vn homme hardy fait fans y penfer toutes fes actions comme s'il auoit vn ennemy en tefte, qu'il marche naturellement comme s'il le deuoit attaquer, qu'il tient les fourcils refferrez comme pour fe fortifier contre luy. Auffi quand le naturel eft foible ou qu'il y a quelque langueur dans l'ame, toutes les actions qui en partent fe conforment à cette foibleffe fans que l'on y penfe & lors mefme qu'il n'y a rien à craindre. C'eft pourquoy les femmes & les hommes qui font mols & timides comme elles, & ceux qui font naturellement triftes ont pour l'ordinaire les yeux & les Regards languiffans; quoyque les vns & les autres ne fentent le plus fouuent aucune langueur ny aucun mouuuement des Paffions qui ont accouſtumé de les produire.

Il y a vne autre ſorte de Regard, qui n'eſt *Le Regard*
pas à la verité ſi propre à la Triſteſſe, eſtant *immobile.*
commun à beaucoup d'autres, mais qui luy
eſt plus ordinaire que pas vn : C'eſt celuy
qu'elle fait en baiſſant la teſte & les yeux,
& tenant la veuë attachée contre terre ; car
c'eſt la plus frequente & la plus ordinaire
poſture que l'on remarque dãs vne perſonne
affligée. *Les yeux ſont donc abatus* en cette
Paſſion, non ſeulement parce qu'ils ſuiuent
les eſprits qui ſe retirent au cœur ; mais encore parce qu'ils ſe conforment à l'abatement de l'ame. Car il s'enſuit de là qu'ils
ne peuuent ſe leuer, le principe & les organes de leur mouuement s'oppoſant à cette action, & les faiſant pancher en bas. Et
d'autant que l'ame eſt tellement attachée
à la penſée de ſon mal qu'elle ne conſidere
plus aucun autre objet, cela eſt cauſe que les
yeux deuiennent immobiles comme elle, &
qu'ils demeurent preſque touſiours *fichez*
contre terre.

Il eſt vray qu'il n'y a gueres de paſſion

où le mefme ʀegard ne fe puiffe quelquefois remarquer , parce que toutes attachent fortement la penſée à l'objet qui les
excite , & que la veuë fixe accompagne
toufiours la grande attention & applica-
tion d'eſprit. Mais il y a cette difference
que les yeux n'y font pas neceffairement
baiffez comme ils font dans la Trifteffe.
Car vn homme qui penfe fortement à ce
qu'il aime ou à ce qu'il hait, attachera les
yeux fur le premier objet qui fe prefentera
à luy, foit qu'il foit haut ou bas ou de
front : Au lieu qu'vn homme affligé ne
porte fa veuë qu'à terre : Outre que l'air
de fon vifage trifte & abbatu diſtingue affez fon regard de ceux qui fe font dans les
autres Paffions.

La veuë tournée vers le Ciel.

Quoy que les yeux foient prefque toûjours baiffez dans la Trifteffe , *ils fe tournent* pourtant quelquefois vers les Cieux
quand l'ame vient à faire reflexion fur fa
foibleffe & fur l'abandonnement où ell'
eft. Car la Nature a donné cét inftinct à
l'Homme de recourir au Ciel quand la

terre luy dénie le secours dont il a besoin; de sorte que sans penser mesme à ce qu'il fait, il éleue les yeux & les mains vers luy; comme si ses yeux le deuoient penetrer & y porter ses pensées ; & que ses mains deussent receuoir l'assistance qu'il en attend.

Les yeux sont tristes parce qu'ils sont languissans, qu'ils sont ternis & obscurs, & qu'ils sont flestris & enfoncez. Nous auons dit en quoy consistoit la langueur des yeux, car ce qui fait le regard languissant fait aussi *l'œil languissant.* Aristote l'appelle κεκλασμένον c'est à dire rompu, par vne metaphore tirée des membres qui ont peine à se mouuoir quand ils sont rompus ou lassez : Car c'est vne façon de parler dont on se sert dans les lassitudes quand on dit qu'on a les membres rompus, qu'on a le corps rompu, qu'on se sent tout rompu. C'est en ce sens que les yeux sont ainsi appellez par Aristote, parce qu'ils ont peine à se mouuoir comme s'ils estoient lassez. Or quoy que ce soit sou-

uent vn effect & vne marque de Tristesse, il ne l'est pas tousiours , puisque c'est
aussi vn signe d'vn naturel mol & effeminé comme nous auons dit , & par consequent il ne suffit pas aux yeux d'estre languissans pour paroistre tristes ; car vn a-
mant les aura souuent ainsi sans que l'on
le iuge triste pour cela ; il faut encore qu'-
ils soient *ternis , obscurs , flestris , & enfon-*
cez.

Les yeux
obscurs.
    La cause n'en est pas difficile à trouuer.
Car la splendeur & la viuacité des yeux
dependant de la quantité des esprits qui y
accourent , il faut qu'elles se perdent quand
ils se retirent , comme on void dans les
defaillances où ces parties sont priuées de
leur couleur & de leur éclat ordinaire par
la fuite ou par la dissipation des esprits.
De sorte que la Tristesse les faisant retirer
au cœur, c'est vne necessité que les yeux
y soient *ternis & obscurs.*

Les yeux
flestris.
    A la longue ils deuiennent *secs , arides*
& flestris. , non seulement pour la raison
que nous venons d'apporter , les esprits
entraisnant le sang & les humeurs qui les

deuroient nourrir ; mais encore parce que l'on pleure continuellement, que l'on ne dort point & que les coctions se dereglent en cette Passion ; ce qui rend les sucs nutritifs moins propres à nourrir les parties comme nous dirons. Car tout cela est cause que ce qu'il y a d'humidité dans les chairs & dans les muscles des yeux se desseiche, que les humeurs mesme dont ils sont composez, se diminuent & qu'en suite ils se fletrissent & s'enfoncent.

Les sourcils s'abbattent dans la Tristesse, & parce qu'ils se conforment à l'abbattement de l'Ame, & parce que les Esprits en fuyant au cœur les abandonnent & les laissent tomber.

Les Sourcils s'abattent.

Ils se resserrent aussi : c'est pourquoy Aristote dit que ceux qui les ont naturellement ioints ensemble sont tristes, & que cela se rarporte à la conuenance, parce que la Passion de la Tristesse les fait resserrer de telle sorte & approcher si prés l'vn de l'autre, qu'ils semblent estre ioints. Nous auons soigneusement examiné au Chapitre de la

& se resserrent.

Hardieſſe les raiſons pour leſquelles les ſourcils ſe reſſerrent dans les Paſſions.

Le Front reçoit deux notables changemens dans la Triſteſſe ; L'vn, par lequel il
deuient rude & auſtere, l'autre, par lequel il
s'abbat & ſemble tomber ſur les yeux. Le
premier eſt celuy qu'Ariſtote appelle σκυ-
θρωπον qu'il dit eſtre vn ſigne d'vn homme qui eſt naturellement triſte, parce qu'il
ſe rapporte à la Paſſion de la Triſteſſe. Car
quoy que les Interpretes ayent traduit ce
mot par celuy de *triſte* ; Il n'y a point d'apparence qu'Ariſtote ayt eu cette penſée,
puiſqu'aucune langue n'a iamais dit le Front
triſte, mais bien le viſage triſte. Ioint qu'il
euſt deu expliquer quel eſtoit le Front triſte, autrement le ſigne n'euſt pas eſté plus
connu que la choſe ſignifiée. C'eſt donc
pluſtoſt *le Front rude*, *auſtere*, *renfroigné*,
qui deuient tel par les rides & par la contraction des muſcles qui reſſerrent les Sourcils. C'eſt pourquoy Ariſtote met entre les
ſignes de la Triſteſſe naturelle, le viſage
ridé ; ce qui ſe doit entendre principalement

ment du Front où les rides font plus ordinaires & plus remarquables. Or le Front
fe ride en cette Paffion : premierement parce que l'Ame qui fe refferre, fait faire aux
organes le mefme mouuement, & veut
monftrer par cette contraction du Front
celle qu'elle fouffre en foy-mefme : Secondement, parce que le Front qui eftoit en-
flé & tendu par les efprits, eft contraint de
s'affaiffer quand ils fe font retirez au Cœur:
Et dautant que la peau qui eft tenduë en
quelque façon que ce foit, fe ride quand
elle vient à fe ramaffer & à fe reftreffir,
c'eft vne neceffité que celle du Front deuienne inégale en cette rencontre, & qu'-
elle fe couure de rides plus ou moins, felon qu'ell'eft plus lâche ou plus ferme.

Le Front n'eft pas pourtant Rude & Au-
ftere pour eftre ridé feulement, il faut que
la contraction des Sourcils y foit iointe; Et
c'eft elle qui en fait la plus grande partie.
Car les ieunes-gens, qui n'ont iamais de
rides au Front, du moins qui foient fort
apparentes, ne laiffent pas de l'auoir rude
par la feule contraction des Sourcils. Il eft

Hh

vray que quand les rides y sont, la rudesse
& l'austerité en sont bien plus grandes.
Nous auons dit ailleurs les causes de cette
contraction.

Le Front abbattu.

Le Front abbattu & qui semble tomber
sur les yeux est encore vn effet de la Tristesse, & quand il est naturel, c'est vne
marque certaine de l'inclination qu'on a à
cette Passion. Il vient de la mesme cause
que le Sourcil abbattu, car les mesmes organes seruent au mouuement de l'vn &
de l'autre; les Sourcils n'ayant point d'autres muscles que ceux du Front, comme
nous auons dit ailleurs.

Mais cecy fait naistre vne difficulté,
dont la resolution donnera vne plus exacte
connoissance de cette Passion. C'est que le
Front rude & austere semble estre contraire à celuy qui est abbattu; puisqu'il faut
que le premier se resserre pour se rendre
inégal, & que celuy-cy s'estende pour tomber sur les yeux : d'ou il s'ensuit que ces
deux effets ne se peuuent rencontrer ensemble, & que ce ne sont pas des characte-

res neceſſaires de la Triſteſſe. En effet, il y
a des perſonnes à qui cette Paſſion abbat
le Front ſans le rider & y faire reſſerrer
les ſourcils. Il faut donc remarquer que
la Triſteſſe produit de differens effets, ſelon les naturels où elle tombe. Il y en a
de deux ſortes generalement parlant ; les
vns qui ſont foibles & timides ; les autres qui ſont forts & robuſtes. Quand elle ſaiſit les premiers, tous des mouuemens
qu'elle leur fait faire ſe reſſentent de la
foibleſſe & de la timidité qui leur eſt naturelle. Au contraire, en ceux qui ſont
robuſtes, quleque langueur qu'elle leur
laiſſe, il y a touſiours dans les mouuemens
qu'elle leur inſpire, quelque marque de la
confiance qu'ils ont en leurs forces naturelles, & de l'effort que leur ame fait pour
s'oppoſer au mal qui les attaque. C'eſt
pourquoy quand elle leur fait remuer le
Front, c'eſt en le reſſerrant & ramaſſant les
ſourcils enſemble; parce que ces mouuemens ſont propres à fortifier les parties;
comme ſi l'Ame en ſe laiſſant vaincre au
mal, cherchoit ce petit ſecours pour en af-

H h ij

foiblir les attaques. Mais dans les naturels foibles & timides, ellë s'abandonne à l'en-nemy sans faire aucun effort pour luy re-fifter, d'où vient que sans refferrer le Front elle le relâche tout à fait & le laiffe tomber fur les yeux, comme il arriue aux femmes, aux enfans & à ceux qui leur reffem-blent.

Les leures
fe retirent.

Cette Paffion fait quelquefois *rougir, trembler & retirer les leures*, mais ce font là des Characteres des pleurs, dont nous parlerons au Chapitre des Larmes. Il n'y a qu'vne certaine *Contraction qui fe fait à l'extremité des leures* qu'il eft neceffaire d'e-xaminer icy. Car quoy qu'elle fe faffe dans les Pleurs, il y a neantmoins des vifages où elle paroift pendant tout le cours de la Trifteffe. C'eft donc vn leger abbaiffe-ment qui fe fait aux extremitez des levres en forte qu'il femble que l'on foit preft à pleurer. Et fans doute cela ne peut venir d'ailleurs, que de ce que la machoire in-ferieure s'abbaiffant vn peu, contraint le coin des leures de s'abbaiffer auec elle. Or

la machoire s'abbat comme les fourcils
par la fuite des efprits & par la conformité que les organes prennent auec l'abbattement de l'Ame : si ce n'eft qu'on vou-
luft dire que c'eft vne efpece de contraction qui fe fait dans les mufcles & qui
eft caufée par celle que l'Appetit & les
Efprits fouffrent dans la Trifteffe ; car il eft
certain que dans les Pleurs c'eft la contraction des mufcles, qui produit ce Charactere, comme nous monftrerons cy-apres.

Il n'y a point de Paffion à qui *le Silence*
foit plus propre & plus familier qu'à la *Le filence.*
Trifteffe ; non feulement parce que l'Ame
r'entre toute en elle mefme , & ne tafche
point à fe produire au dehors ; mais encore
parce qu'ell'eft toute abyfmée dans les penfées que fon infortune luy donne ; et qu'-
ell'eft dans vne langueur & dans vne pareffe fi grande , qn'ell'a de la peine à faire
les plus faciles actions de la vie. C'eft pourquoy *elle fuit la compagnie & ayme la foli-*
tude , afin de n'eftre point diuertie , & de
n'auoir point occafion de parler.

Hh iij

La voix baſſe, greſle, lente.

Quand neantmoins vne perſonne triſte eſt obligée de dire quelque choſe, c'eſt auec *vne voix baſſe & plus greſle* qu'à l'ordinaire; *Toutes ſes paroles ſont traiſnantes & lentement prononcées auec vn ton lugubre & plaintif*; ᴇᴛ ce ſont les effets de la foibleſſe. Car la voix eſt *baſſe* parce que l'haleine n'eſt pas aſſez forte pour l'éleuer: elle eſt *greſle*, parce que le paſſage eſt eſtreſſi pour ſuppleer au deffaut de l'haleine. *La Lenteur de la pronontiation & le Ton lugubre* viennent de la meſme ſource, comme nous auons dit cy-deuant.

Les iouës paſles.

Les Iouës ſont *paſles & abbatuës* à cauſe que le ſang & les Eſprits s'en ſont retirez.

Le viſage triſte.

Le Viſage triſte ſe forme de tous les Characteres que nous venons d'examiner, qui ſe trouuent au front, aux yeux, à la bouche & aux iouës; ᴀ quoy contribuë encore la ſituation & la poſture que *la Teſte* prend en cette Paſſion.

La teſte baſſe.

Ell'en a trois qui luy ſont aſſez ordinaires. La premiere *quand elle panche en* bas, la seconde, *quand elle s'appuye sur les bras estant accoudez,* & la derniere, *quand elle panche vn peu vers l'espaule droitte.* La cause des deux premieres est facile à de-uiner, puisqu'elle ne s'abbat que pour se conformer à l'abbattement de l'Ame; ou parce qu'elle est si foible, qu'elle ne se peut soustenir. C'est pourquoy elle s'ap- *La teste* puye d'ordinaire sur vne main, & quel- *appuyée.* quefois sur les deux ensemble. Ce qu'el-le fait principalement quand l'Ame resue profondement, comme si pour auoir ses pensées plus libres & estre toute à soy, elle abandonnoit aux mains le soustien de la teste.

 Mais il n'est pas aisé de dire, pourquoy *La teste* *elle fait pancher la teste vers le costé droit.* Il y *panche* a de l'apparence que la foiblesse en soit la *du costé* cause, parce qu'Aristote met ce mouue- *droit.* ment entre les signes d'vn naturel mol & effeminé, qu'il est familier à la Tristesse qui affoiblit l'Ame, & que nous voyons, que la plus-part des deuots & de ceux qui prient ardemment quelqu'vn, font la mes-me action; car qui prie fait connoistre le

le befoin qu'il a & la foibleffe où il eft.
Cela ne leue pas neantmoins entierement
la difficulté ; puifqu'on ne voit point par
là, pourquoy l'inclination de tefte qui fe
fait de cofté, eft vn effet & vne marque
de foibleffe; ny pourquoy il faut qu'elle fe
faffe du cofté droit.

A la verité quelques vns de ceux qui
ont voulu rendre raifon de l'obferuation
d'Ariftote, ont dit, que comme toutes les
parties qui font du cofté droit, font plus
fortes que les autres, les mufcles de la tefte qui font en cette fituation, doiuent
auffi eftre plus forts que ceux qui font au
cofté gauche, & par confequent qu'ils font
plus prompts à fe mouuoir, & que les autre eftant plus foibles , cedent plus facilement & laiffent pancher la tefte du cofté
qui leur eft oppofé.

Mais outre que cela prefuppofe la deci-
fion de la Queftion generale, à fçauoir que
l'inclination que la tefte fait de cofté eft
vn effet de la foibleffe , quoy que ce foit
vne chofe qui eft encore douteufe, & qui
n'eft pas fi aifée à refoudre ; il eft certain
qu'il

qu'il y a beaucoup de perſonnes qui ſont
fortes & robuſtes & où l'on ne peut s'imaginer qu'il y ayt aucune foibleſſe, qui panchent la teſte du coſté droit quand elles
prient ou qu'elles regardent quelqu'vn auec
compaſſion.

Pour examiner donc la cauſe de ce mouuement auec quelque methode, il faut remarquer que cette inclination de teſte eſt
de deux ſortes : L'vne ſe fait par deſſein,
quand l'Ame veut effectiuement faire pancher la teſte pour quelque fin qu'elle ſe
propoſe : L'autre ſe fait par neceſſité, quand
la teſte ſe hauſſe d'vn coſté ; car il faut ne-
ceſſairement que l'autre s'abbaiſſe en ſuite.
Celle-cy eſt indifferente & n'a point de
connexion neceſſaire auec la foibleſſe ; car
ſouuent on leue la teſte pour mieux écou-
ter ; ſouuent , c'eſt pour admirer quelque
choſe, quelque fois c'eſt vne menace ; &
en toutes ces rencontres, il faut qu'elle ſe
baiſſe du coſté oppoſé. Mais celle qui ſe
fait par deſſein, eſt à mon aduis vne marque de foibleſſe, parce que la poſture naturelle de la teſte dans les paſſions gene-

reufes & en ceux qui ont confiance en
leurs forces c'eft d'eftre droite & leuée,
comme dans la Hardieffe, dans la Conftance, dans l'Orgueil : DE forte que lors qu'-
elle s'incline d'vn cofté ou d'autre, il faut
que l'Ame fe foit relafchée & qu'elle n'ayt,
ou qu'elle s'imagine, ou qu'elle feigne de
n'auoir pas la vigueur qu'ell'auoit auparauant. Mais quand cela arriue, l'inclination
fe fait Pluftoft du *cofté droit*, non, parce que
les mufcles y font plus forts, mais parce
que le cofté droit eft le principe du mouuement, & que lors que l'Ame n'eft point
contrainte, elle commence toufiours fes
mouuemens par cét endroit : D'où vient
que tous les animaux leuent toufiours le
pied droit le premier quand ils veulent
marcher, & que l'homme a la main droite
plus libre & plus agile que la gauche.
Mais quelle eft donc la fin que l'Ame fe
propofe en ce mouuement ? C'eft de monftrer qu'elle n'eft plus capable d'agir, &
que fa vigueur eft affoiblie iufques dans
fon principe. Car cette inclination eft
vne ceffation du mouuement qui eft pro-

pre à la teſte, & quoy que les muſcles a-
giſſent, le membre principal qui eſt celuy
que l'Ame conſidere, ceſſe d'agir. Il ne faut
donc pas s'eſtonner, ſi ceux qui ſont triſtes, ceux qui ſont effeminez & ceux qui
prient inſtamment, panchent ainſi la teſte,
parce qu'ils ſont tous foibles, ou qu'ils
croyent ou qu'ils feignent de l'eſtre. Car
ceux qui le ſont en effet ou qui le croyent
eſtre, n'oſent s'engager à aucun mouuement, quelque aiſé qu'il ſoit, par la pareſſe
& par la lâcheté qu'ils ont. Outre que
ceux qui ſont triſtes & ceux qui prient,
veulent faire connoiſtre leur impuiſſance
pour obtenir le ſecours qu'ils demandent.
C'eſt pourquoy ils ioignent à cette inclination de teſte d'autres poſtures qui mon-
ſtrent euidemment, qu'ils ne ſont plus capables de rien faire pour leur ſoulagement,
ayant *les mains iointes, ou les laiſſant tomber*
entrelaſſées l'vne dans l'autre, ou ſe tenant
les bras croiſez ſur l'eſtomach. Car toutes
ces actions font voir qu'ils ne ſont plus en
eſtat d'agir par eux-meſmes ; ᴇᴛ que les
organes qui ſont deſtinez à l'action leur

Les mains iointes.
Les bras croiſez

font inutiles : C'eſt pourquoy ils les mettent en vne ſituation où ils ne s'en peuuent plus ſeruir.

Ie m'imagine pourtant qu'il y a cette
difference entre ces derniers mouuemens
que *les mains iointes & les bras croiſeZ* ne
marquent pas vn ſi grand abandonnement
que *les mains entrelaßées* qu'on laiſſe tomber nonchalamment. Car cette cheute faite auec tant de negligence & de langueur, fait bien voir la conſternation &
l'abbattement de l'Ame : Au lieu que les
mains iointes ſont éleuées par l'eſperance
que l'on a d'eſtre ſecouru ; et que les bras
croiſez ſe ſouſtiennent ſur l'eſtomach, comme pour affermir le courage dans vne ſi
rude attaque ; ou du moins pour monſtrer
que l'impuiſſance de l'Ame ne va pas iuſques au deſeſpoir, & qu'elle ſe ſouſtient
encore quelque peu.

Les mains tombent ſur les cuißes. Nous auons deſia parlé d'vn autre mouuement que font ces parties quand *elles ſe
leuent & qu'incontinant apres elles retom-
bent tout à coup ſur les cuißes.* Ce qui arriue

principalement, quand quelque grand mal-
heur ſe préſente d'abord à l'eſprit; comme
ſi l'Ame, par vne precipitation inutile, vouloit eſleuer les bras pour s'oppoſer au mal;
ᴇᴛ qu'elle les rabbattiſt incontinant, voyant
bien que tous ſes efforts ſont vains, &
qu'il n'y a plus de remede qu'on y puiſſe
apporter.

Le Marcher lent & mal-aſſeuré d'vn
homme triſte, *l'inclination qu'il a d'eſtre*
touſiours aſsis ou couché, la difficulté qu'il y
a de le faire agir, & la langueur auec laquel-
le il fait toutes ſes actions, ſont des effets
& des marques certaines de la foibleſſe
qu'il a, ou qu'il croit auoir. Que ſi en certains temps il ne peut demeurer en vne
meſme place, & qu'il ſe tourne d'vn coſté
& d'autre, c'eſt l'inquietude que la Crainte
ou le Deſir luy donnent, qui en ſont la
cauſe.

Le ſommeil eſt fort court & fort leger,
non ſeulement au commencement de cette Paſſion, lors que l'Ame eſt troublée par

La len-
teur, la
pareſſe, la
langueur.

Le ſom-
meil.

Iı iij

la violance du mal qui luy eſt alors plus
ſenſible; ᴍais encore dans tout ſon progrez,
parce qu'elle corrompt le ſang, & qu'elle
deſſeiche toutes les parties; ᴇt qu'en cét
eſtat la Nature ne peut fournir au cerueau
les vapeurs douces & humides qui doiuent cauſer le ſommeil. De ſorte que celuy qu'ell'y excite, ne procede que de l'extreme beſoin qu'ell'en a, qui l'oblige, dans
le deffaut de ces vapeurs, de lier & arreſter elle-meſme les eſprits pour quelque
temps. Car nous auons monſtré ailleurs
qu'il y a deux cauſes naturelles & ordinaires
du ſommeil, la vapeur qui bouche le paſſage des Eſprits, & l'Ame qui les lie & les
arreſte.

Les ſonges. Mais de quelque ſorte qu'il ſe faſſe, *il eſt*
trauerſé par mille ſonges faſcheux qui repreſentent des ſpectres, des tenebres, des
morts & de nouueaux malheurs, qui ont
conformité auec celuy que l'on ſouffre en
effet. car c'eſt vne choſe, qui à la conſiderer de prez eſt tout à fait merueilleuſe: que
l'Ame ſe forme des images qui ne ſont

point du tout femblables aux objets qu'elle veut reprefenter ; mais qui ont neant-
moint quelque rapport auec eux. De forte que l'on pourroit dire que ce font des E-
nigmes ou de ces peintures ingenieufes,
qui defignent & découurent les chofes en
les cachant.

En effet peut on appeller autrement ces
fonges que l'imagination forme fur les humeurs qui dominent ou fur les defordres
qui fe font dans les parties ? Quand elle reprefente l'humeur bilieufe par des feux &
par des combats ; la melancholique par des
fpectres & par des tenebres, &c. Quand
elle fait voir la cheute ou l'éclipfe du Soleil pour marquer que le cœur doit tomber en quelque grand accident ; ou celle
des Aftres, quand l'habitude du corps doit
eftre attaquée, & ainfi des autres fonges
dont tout le liure qu'Hippocrate a fait fur
ce fujet, eft remply. Quand enfin elle reprefente à vn homme qui a perdu fon fils,
qu'on luy a volé fon threfor, qu'on luy a
creué les yeux, ou qu'on luy arrache le
cœur : et mille autres femblables qui arri-

uent dans les Paſſions ; ſans parler de ceux que l'Oneiromantie pretend eſtre les ſignes des choſes à venir.

Certainement toutes ces figures ſont de veritables Enigmes, dont l'imagination ſe jouë & dont elle diuerſifie ſes penſées, qui ſont auſſi difficiles à expliquer, que la cauſe en eſt mal-aiſée à découurir. Nous en auons deſia parlé au Chapitre de la Colere ; mais comme on ne ſçauroit jamais arracher toutes les eſpines & les difficultez qui naiſtront de cette matiere ; il ne faut perdre aucune occaſion d'y retoucher & d'y adiouſter toutes les nouuelles coniectures qui peuuent donner iour à ces obſcuritez.

Pour ſatisfaire donc à cette obligation, il faut remarquer que les Songes dont nous venons de parler ſont de deux ſortes : les vns ont leur fondement dans l'imagination qui a la premiere connoiſſance des obiets, qu'elle doit repreſenter. Ainſi vn homme qui a perdu ſon fils, a dans ſon imagination la connoiſſance de cette perte ; Et en ſuite, il forme des ſonges qui ont du rapport

auec

auec elle ; comme quand·il luy semble
qu'on luy vole son thresor, qu'on luy cre-
ue les yeux ou qu'on luy arrache le cœur :
Car vn Fils est le thresor d'vn Pere, c'est
son cœur, ce sont ses yeux. Les autres
ont leur fondement dans les facultez naturelles qui connoissent confusement les
subiets dont se doiuent former les Songes,
& qui les communiquent apres à l'imagination, laquelle les prend en suite pour
les modeles de ses chimeres & de ses vi-
sions. C'est ainsi que se font les Songes qui
viennent du mouuement & de l'abondance des humeurs, de la bonne ou mauuaise
disposition des parties. Car comme nous
auons dit au Chapitre de la Colere, ce
n'est pas l'imagination qui a la premiere
connoissance de ces choses-là, puisqu'elle
ne connoist que par le moyen des sens qui
sont alors assoupis, & qui auec toute la liberté qu'ils pourroient auoir, ne sçauroient
iamais découurir ce qui se passe dans le
secret des veines & des visceres : mais ce
sont les puissances naturelles qui voyent
confusement tout ce qui se fait dans leurs

K k

organes, & qui le communiquent apres à l'imagination, qui eſt le centre de toutes les connoiſſances de l'Ame.

Cela preſuppoſé, la raiſon que nous a-uons apportée au lieu allegué de cette for-te de Songes, eſt aſſez vray-ſemblable. Car puiſque la faculté naturelle n'a qu'vne connoiſſance obſcure & confuſe des obiets qui la touchent, elle n'en peut donner que des veuës generales à l'imagination , qui par conſequent n'en peut former des ima-ges parfaites, mais qui ont ſeulement quel-que rapport auec eux à cauſe de la notion generale qui luy en eſt communiquée.

Mais on ne peut pas dire la meſme cho-ſe des autres Songes, qui ſe forment apres que l'imagination eſt exactement inſtruite, & qu'ell'a vne parfaite connoiſſance des obiets. Car au lieu de les repreſenter comme elle fait, par des figures monſtrueu-ſes & enigmatiques, ell'en deuroit faire de iuſtes portraits; et vn homme qui ſçait la mort de ſon fils, deuroit dans ſes ſonges ſe le figurer mourant, ſans emprunter de ſon threſor , de ſon cœur ou de ſes yeux les

images de ſa perte. Quoy ! puiſque l'imagination ne forme ſes viſions dans le ſommeil que ſur les images qui ſe conſeruent
dans la memoire ; comment eſt-il poſſible
qu'elle laiſſe celles qui ſont les plus fraiſ-
ches, les plus apparentes & qui pour ainſi
dire, ſe preſentent de front, pour aller
prendre celles qui ſont vieilles, éloignées
& obliques. Elle quitte l'image de la mort
d'vn fils qui eſt toute recente & qui eſt ſi
fort grauée dans ſon ſouuenir, pour chercher celle qui luy repreſente vn threſor
perdu, laquelle eſt peut-eſtre entrée dans
ſa memoire il y a long temps, qui eſt en-
ſepuelie ſoubs les autres, & qui ne con-
uient à la mort d'vn fils que par analogie,
c'eſt à dire, par vn rapport indirect & éloi-
gné de la verité.

Certainement il faut aduoüer, qu'il n'y a
gueres de choſes dans les animaux qui ſoit
plus cachée & plus merueilleuſe que celle-là ; Et il y a quelque danger qu'on ne re-
proche à ceux qui en veulent faire la recherche, qu'ils ne peuuent dire que des
ſonges en voulant découurir le ſecret des

K k ij

fonges; & qu'il eſt impoſſible d'eſclaircir des choſes qui de leur nature ne ſe font & ne ſont que dans l'obſcurité. Mais nonob-ſtant la difficulté & le hazard qu'il y a: voycy ce que nous nous ſommes imagi-nez là-deſſus.

Les images des obiets entrent de telle ſorte dans la Memoire, que celles qui ſont de choſes ſemblables, ou que l'Imagina-tion croit auoir quelque liaiſon ou quel-que rapport enſemble, ſont dans vn meſme ordre, & ſont placées dans vn meſme rang. C'eſt pourquoy l'vne fait ſouuenir de l'au-tre, & l'Ame n'en peut remuer aucune, que celle qui luy eſt proche ne ſoit eſbran-lée, & que les autres qui ſont ſur la meſ-me ligne, ne ſoient en eſtat de receuoir le meſme mouuement, ſi l'Imagination fait effort pour cela. De là vient qu'en medi-tant ſur quelque choſe, ces images ſe pre-ſentent l'vne apres l'autre, qu'elles vien-nent peu à peu, & qu'il y en a meſme qui arriuent long-temps apres, comme ayant eſté les dernieres qui ont eſté agitées.

Dans la veille, l'Imagination qui eſt con-

duite par la raiſon & par le ſens, parcourt
ces images dans l'ordre iuſte & reglé qu'-
elle leur a donné: mais dans le ſommeil, où
ell'eſt abandonnée de ces guides, vagabon-
de comme ell'eſt, tantoſt elle paſſe d'vn rang
à l'autre, & en aſſemble les images qui
n'ont aucune liaiſon ny aucun rapport enſemble; dont elle forme ces chimeres ſans
nombre, qui n'ont aucun fondement dans
la nature ny dans ſes premieres penſées.
Tantoſt, ſans s'eſcarter ainſi, elle demeure
bien dans vn meſme rang, mais au lieu de
garder l'ordre qui s'y trouue, elle ſe iette
confuſement & ſans choix tantoſt ſur l'vne
& tantoſt ſur l'autre; et comme elle s'eſga-
re facilement, elle s'attache d'ordinaire à
celles qui ſont les plus éloignées, telles que
ſont celles qui ne ſont pas ſemblables, mais
qui ont ſeulement quelque rapport enſemble. Elle fait juſtement comme vn homme qui courant auec trop d'impetuoſité,
va touſiours au delà des bornes qu'il s'e-
ſtoit propoſées; ou pluſtoſt comme ces jeu-
nes chiens, qui prennent le change, &
quittent la premiere proye pour courre

Kk iij

celle qui se presente apres. Car cette faculté inquiete au lieu de s'arrester à l'image de la mort d'vn fils, s'auance sur celle d'vn thresor perdu, & par le rapport qu'elle s'est autrefois imaginé qu'il y auoit entre ces deux choses, elle se fait vne histoire ou plustost vne fable de cét enleuement, sans considerer plus les premieres images de sa veritable perte. Car il est vray-semblable, qu'elle ne fait pas ces iustes rapports qui se trouuent entre les choses au moment qu'elle songe, & qu'il faut qu'elle les ayt faits auparauant durant la veille; en sorte qu'vn homme qui n'en auroit iamais fait, ne se les representeroit iamais dans les songes; et s'il n'auoit autrefois comparé vn fils à vn thresor, il ne se formeroit iamais l'idée d'vn thresor perdu, quand la mort de son fils seroit arriuée. En effet les Songes sont differens selon la qualité & l'esprit des personnes; vn païsant se representera dans les siens des choses rustiques, sur le mesme suiet où vn gentil-homme se figurera des choses qui se passent à la cour. Ceux d'vn sçauant homme

ſe reſſentent des connoiſſances qu'il a, qui
ne pourroient iamais entrer dans l'imagination d'vn ignorant. Il y en a meſme qui
ſont propres à chacun en particulier, &
qui ſont conformes à ſes inclinations, à ſes
deſirs & à ſa façon de viure. Voila donc à
mon aduis, comment vn homme affligé
fait des Songes proportionnez à l'eſtat où
il eſt. Car ie ne parle pas de ceux qui ſignifient les choſes à venir : s'il y en a d'autres que les Diuins, ils ſont inſpirez comme eux par quelque puiſſance exterieure,
qui fournit de nouuelles images ou qui remuë celles qui ſont dans la Memoire conformement à ſon deſſein, & à la maniere
dont l'Imagination a accouſtumé d'agir.

Nous ne diſons rien icy du changement *Le Poil.*
du Poil que cette Paſſion cauſe en le faiſant blanchir, nous en auons rendu la raiſon au Chapitre du Deſir.

Le Pouls qui paroiſt dans la Triſteſſe eſt *Le Pouls.*
dur, petit, rare, lent & foible. Sa dureté
vient de la contraction qui ſe fait dans la
ſubſtance du cœur & des arteres pour les

raiſons que nous auons dites cy-deuant.
Il eſt *rare & petit* à cauſe de la diminution
de la chaleur naturelle qui n'a pas beſoin
de tant de rafraiſchiſſement ; c'eſt pourquoy
le cœur & les arteres s'ouurent peu ſouuent
& peu , & s'éleuent & s'abattent lentement.
Enfin il eſt *foible* , parce que la faculté vitale eſt affoiblie , qui ne peut par conſequent donner à leur mouuement la vigueur
qu'elle n'a pas.

Il eſt vray qu'au commencement de cet-
te Paſſion *le Pouls eſt frequent & viſte* , parce que le ſang & les eſprits accourent au
cœur qui l'échauffent & l'oppriment ; ᴇᴛ
comme il ne peut s'ouurir beaucoup pour
attirer l'air qui leur eſt neceſſaire, & pour
chaſſer les fumées que la chaleur y engendre , il faut qu'il ſupplée par la frequence
& par la viteſſe des battemens ; à la grandeur qü'il ne leur peut donner ; ᴅ'ou vient
que le pouls eſt frequent & viſte. Il peut
meſme en ce temps-là paroiſtre quelquefois grand & vigoureux , parce qu'alors
l'Ame eſt encore ſuſceptible d'Eſperances,
de Deſirs , de Colere qui produiſent ces
fortes

fortes de Pouls. Mais à la fin, apres que
fes forces font abbatuës par la longueur de
la Paffion, & qu'elle fe trouue faifie de la
Crainte & du Defefpoir, dont les longues
Trifteffes font ordinairement accompagnées, on ne peut plus remarquer d'autres
battemens dans les arteres, que ceux que
nous auons marquez cy-deuant.

Enfin la Trifteffe *change la conftitution*
du Corps, & ruine entierement la Santé; ET
l'on peut affeurer qu'il n'y a point de Paffion qui foit fi ennemie de la vie que celle-là, puifqu'elle en deftruit les principes
& les elemens, en efteignant la chaleur naturelle dans toutes les parties & confumant
l'humidité radicale qui les entretient. Et
il n'eft pas difficile de conceuoir comment
elle caufe tous ces defordres : Car comme
elle fait continuellement retirer les efprits
au cœur, il faut que tous les membres fe
reffentent de cette fuite, & qu'ils foient
priuez de l'influence & de l'irradiation de la
faculté vitale qui fe fait par eux. De là vient
que les coctions & les digeftions ne fe font

Ruine la
fanté.

LI

pas comm'elles deuroient, les organes e-
ftant affoiblis. De là vient que le fang &
les autres fucs nutritifs fe gaftent & deuiennent inutiles à la nourriture des parties qui
s'amaigriffent & fe deffeichent en fuite.
De là vient que les excremens fe multi-
plient, & que ne pouuant eftre chaffez par
le deffaut des efprits & par la foibleffe des
parties, ils y croupiffent & s'y corrompent à la fin; d'où naiffent les duretez des
flancs, les vapeurs malignes qui infectent
les efprits, & les fievres lentes qui ruinent
peu à peu la vie. Le Cœur mefme où les efprits fe retirent, & qui pour cette raifon
deuroit, ce femble, eftre exempt de cette
calamité, eft celuy qui s'en reffent dauantage. Car outre qu'il fouffre le premier la
contrainte & l'oppreffion que cette fuite
luy caufe, & qu'il compatift au vice des
autres vifceres qui ne luy peuuent plus fournir ny le fang qui le doit nourrir, ny la vertu animale fans laquelle il ne peut fubfifter;
il fent à la fin que toute fa chaleur s'efteint,
& que l'Ame qui eft laffée par la longueur
de la Paffion & qui s'eft abandonnée au

Defefpoir, n'a plus foin de reparer fes pertes & le laiffe ainfi confumer peu à peu: C'eft pourquoy il fe deffeiche, il fe fleftrit & deuient froid. De forte qu'on luy pourroit appliquer ce que l'on a dit autrefois de la rebellion que les membres firent contre l'eftomach, qui apres s'eftre refolus de ne trauailler plus pour luy, le ruinerent à la verité, mais fe ruinerent auffi auec luy. Car le cœur oftant aux parties le fang & les efprits qui les fouftiennent, fe priue du fecours qu'elles luy peuuent donner, & en les affoibliffant, il s'affoiblit luy-mefme.

Mais nonobftant tout ce que nous venons de dire, il y a de certaines Trifteffes qui bien loin d'eftre ennemies de la fanté la fortifient & la conferuent: ET entre les caufes que le Chancellier Baron donne de la longue vie des Anachoretes, il met *Spes falubres, mœrores dulces, les efperances vtiles, les Trifteffes agreables* que la religion infpire. Car il eft certain que comme l'Efperance en affermiffant les efprits, empefche qu'ils ne fe diffipent; LA Trifteffe produit auffi le mefme effet en les faifant refferrer

De forte que fi la diffipation qui s'en fait, eft la plus generale & la plus puiffante cau-fe qui accourcit les iours, il s'enfuit que ces deux Paffions qui la retardent, contri-buent à la longueur de la vie. Mais il faut que cette Trifteffe ne foit ny longue ny profonde, qu'elle foit fouuent interrom-puë par de plus douces Paffions, & qu'elle faffe dans l'Ame ce que font les nuages dans les beaux iours d'efté, qui temperent l'ardeur du Soleil arreftant pour quelque temps fes rayons.

Quelles font les Caufes des Chaꭇacteres de la Douleur Corporelle.

AVANT que de venir à l'examen des Characteres qui font particuliers à la Douleur Corporelle, il faut fe ref-fouuenir de ce que nous auons dit cy-deuant de la difference qu'il y auoit entre la Triftefle & elle, parce que c'eft la caufe & la diuerfité qui fe trouue dans leurs effects. Il eft donc certain que la Trifteffe & la Douleur ne font qu'vne mefme efpece de Paffion parce qu'elles ont toutes deux vn mefme mouuement & vne mefme fin, & que l'ame fouffre vne égale Contraction en l'vne & en l'autre pour fe fauuer du mal qui l'attaque. Et pour cette raifon elles produiroient toufiours de mefmes effects, n'eftoit que la Douleur ne fe forme prefque iamais qu'elle ne foit accompagnée du mouuement de la faculté

L iij

naturelle qui s'éleue contre le mal au mefme temps que la fenfitiue le fuit. Car
comme la Douleur naift de l'alteration qui
fe fait dans la conftitution naturelle des
parties, laquelle confifte principalemét dans
le Temperament & dans l'vnité qu'elles
doiuent auoir ; ᴇᴛ que cette Conftitution
eft la plus importante & la plus neceffaire,
comme eftant la bafe & le fondement de
toutes les vertus & de toutes les fonctions
de la vie : ᴅᴇ là vient que quand l'ame fent
l'alteration qui s'y fait , elle s'allarme dauantage & remuë toutes fes puiffances
pour s'oppofer au progrez du mal. C'eft
pourquoy pendant qu'elle tafche d'éuiter
fa violance par la contraction qu'elle donne à l'appetit fenfitif, elle foûleue l'appetit
naturel pour le combattre ; comme vn fage General d'armée qui fait faire retraite
aux troupes qui ont efté attaquées les
premieres par l'ᴇnnemy , pendant qu'il en
fait aduancer d'autres qui font plus fraif-
ches & plus gaillardes. Car l'on peut dire que la faculté ɴaturelle eft de ces dernieres, parce que n'ayant pas vne connoif-

sance si exacte que la sensitiue, elle ne void
pas si tost le peril & n'en connoist pas la
grandeur comm' elle, & s'y jette aussi plus
hardiment : MAIS encore parce qu'ell' est
soustenuë de toute la force des Esprits qui
luy obeïssent & qui abandonnent la faculté sensitiue, comme nous auons dict.

De tout cela il s'ensuit que la Tristesse
qui n'est point secondée comme la Douleur par les mouuemens ny par les efforts
de l'appetit naturel , ne produit pas tant
d'EFFECTS & de Characteres corporels que
celle-cy; ET que la pluspart mesme de ceux
qu'ell' a communs auec elle ne sont pas si
grands ny de si longue durée que les siens;
C'est pourquoy les Parties n'y rougissent
& ne s'y enflamment point; Il n'y a point
de transport d'humeurs ny d'esprits qui s'y
fasse; Il n'y a point d'agitation & d'inquietude; Les cris mesme n'y sont pas si vehemens ny si longs que dans la Douleur. De
sorte que sans faire vn examen particulier
de tous les Characteres qui sont propres à
cette Passion, on pourroit tirer du principe qne nous venons d'établir les raisons

pour lefquelles ils s'y font. Mais pour dé-
charger le Lecteur de la peine qu'il auroit
en cette recherche , nous la voulons faire
icy de ceux qui font les plus confidera-
bles.

Les Cris & les Ge-miſſemēs.   Il faut commencer par les *Cris* & par les *Gemiſſemens* qui font les premiers enfans , ou pluſtoſt les compagnons infepa-
rables de la Douleur. Nous auons dit cy-
deuant , que les vns & les autres ſe fai-
foient pour deux fins ; l'vne pour ſe deſcharger du mal ; & l'autre pour demander
ſecours : mais que la Nature ſe propoſoit
principalement la premiere dans les Cris,
& la ſeconde dans les Gemiſſemens. Cette
verité paroiſt clairement dans la Douleur;
car quand ell'eſt forte , l'ame ſe trouue
tellement preſsée par la violance du mal,
qu'elle cherche les moyens les plus prompts
pour les luy oppoſer ; & comme ceux qu'el-
l'a auec ſoy font plus preſens que tout autre ſecours eſtranger qu'elle pourroit attendre , elle les employe auſſi les premiers.
C'eſt pourquoy elle fait effort pour chaſſer
l'air

l'air qui eſt dans les Poulmons croyant chaſſer le mal auec luy , comme nous auons
dit. Et elle commence par ce mouuement
pluſtoſt que par vn autre, parce que la faculté vitale qui gouuerne la poitrine eſt
plus obeïſſante ; Et que l'air qui y eſt , eſt
plus facile à chaſſer : lequel eſtant pouſſé
impetueuſement eſclate en ſa ſortie & forme vn grand cry.

Mais quand la Douleur n'eſt pas ſi forte,
l'ame qui n'eſt pas ſollicitée auec tant d'em-
preſſement, & qui eſt alors plus à ſoy , ſe
propoſe vne fin plus raiſonnable , qui eſt
de demander ſecours par des Cris plus
moderez, ou par des Gemiſſemens.   Car
il eſt certain que le motif qu'ell'a de chaſſer le mal par les Cris eſt inutile, & ne ſe
peut excuſer que par la precipitation où la
violance du mal la jette.

Quoy qu'il en ſoit *les Cris ſont plus ve-* *Les cris*
hemens dans la Douleur que dans la Tri- *ſont plus*
ſteſſe, parce que l'Ame y fait de plus grands *vehemens*
efforts, ayant à ſouſtenir vn mal qui eſt le
plus dangereux de tous comme nous auons
Mm

dit. Il s'y fait mefme *auec vne plus grande ouuerture de bouche*, en forte que la voyelle A, s'y fait plus remarquer que l'E, qui eft familier aux plaintes que la langueur & la foibleffe produifent. Car comm'en celles-cy l'ame n'a pas la force d'ouurir beaucoup les organes de la voix ; auffi dans la Douleur où ell'eft vigoureufe & où elle fait des efforts proportionnez à fes forces & à la grandeur du peril où ell'eft ; elle eflargit autant qu'il fe peut le gozier & la bouche ; quand ce ne feroit que pour faire vn plus grand paffage à l'ennemy qu'elle pretend chaffer par là.

Les cris courts.

Quelquefois *ils font fort courts*, comme quand on reçoit vn grand coup, ou que la douleur l'irrite par quelque eflancement, parce que l'effort de l'ame eft proportionné à l'attaque du mal, & que fa deffenfe doit eftre prompte dans vne prompte atteinte.

Les cris longs.

Tout de mefme qu'elle fait de *longs cris* lors qu'elle fent long-temps la pointe de la douleur ; lefquels font tantoft pouffez tout d'vn trait & fans interruption ; tantoft com-

tinuez par de frequentes reprifes , felon que
l'ame croit qu'elle peut chaffer le mal par
vn feul effort , ou qu'il luy faut faire diuerfes fecouffes pour en venir pluftoft à bout.
Mais de quelque façon qu'ils fe faffent ils
finiffent toufiours en vn fon aigu , pour les
raifons que nous auons dites cy-deuant.

La Refpiration fouffre icy de grands chan-
gemens , & il n'y a point d'autre Paffion
qui l'altere & qui la diuerfifie en tant de façons. Car tantoft ell' eft *prompte & frequen-*
te : ce qui arrriue toufiours quand les parties qui font fituées au deffus du diaphragme font douloureufes comme Hippocrate
a remarqué ; parce qu'elles fentent le mouuement des organes qui feruent à la refpiration : et comme le mouuement irrite la
douleur , plus il eft petit & moins elles fouffrent de mal : c'eft pourquoy on n'ofe faire
vne grande refpiration ; mais pour fuppleer
à la grandeur qu'elle deuroit auoir , on la
rend frequente. Hors de là quand on l'a
fait ainfi , cela vient de l'empreffement de
l'ame qui fe hafte & fe precipite pour chaf-

La Refpi-
ration fre-
quente.

M m ij

fer le mal ; les prompts & les frequens efforts qu'elle fait dans la respiration estant
comme autant d'attaques & d'atteintes qu'-
elle pense luy donner.

La Rspi-
ration est
grande.   Pour l'ordinaire ell'*est grande & ample,*
parce que la faculté vitale s'irrite dans cette passion, comme nous auons dit, & par
consequent il faut qu'ell' attire beaucoup
d'air pour temperer la chaleur qu'ell' a excitée , & qu'elle le fasse apres sortir auec
quantité de fumées qui s'y engendrent à
toute heure.   Quelquefois aussi le dessein
qu'à l'ame de chasser le mal tout d'vn coup
& par vn seul effort contribuë à la grandeur de la Respiration. Et c'est alors que
l'on y remarque ces *longs souffles* & ces *as-*
pirations vehementes qui se meslent auec elle, & que l'on peut dire estre comme autant de vents impetueux que l'ame excite
pour abbatre son ennemy.

Les soupirs
lugubres.   *Les sanglots & les soupirs* se font icy pour
les mesmes raisons que dans la Tristesse:
Mais outre les Soûpirs ordinaires, la douleur en forme d'autres qui sont *lugubres &*

plaintifs parce qu'ils finiſſent par vn gemiſſement. Or les Gemiſſemens ſe meſlent a-
uec eux, parce que l'ame qui eſt preſſée par
la douleur reſſerre le paſſage de l'haleine, &
comme celle-cy ſort auec quelque violance
apres auoir eſté long-temps retenuë, elle
forme le ſon où conſiſte le Gemiſſement.

La Douleur cauſe auſſi vn certain *fre-* Fremiſſe-
miſſement d'haleine qui ſe fait par l'air que ment d'ha
l'on attire à diuerſes repriſes, lequel venant leine.
à heurter les levres cauſe le bruit qui eſt
exprimé dans le mot de *fremir*, car c'eſt
vn de ces termes qui repreſentent en leur
prononciation la choſe qu'ils ſignifient. Il
ſe fait d'ordinaire quand on ſe bruſle, quand
on ſent quelque nouuel eſlancement de
douleur, & quand on veut pleurer. On
pourroit dire que c'eſt vne eſpece de Sanglot, car il ſe forme comme luy par vne
ſeule Aſpiration qui eſt redoublée ; mais il
y a cette difference qu'il n'eſt pas ſi violant,
qu'il ſe fait ſouuent auec plus de repriſes,
& que le bruit s'en entend plus à l'entrée
de la bouche qu'au gozier, tout au contrai-

re du Sanglot. C'eſt donc vn effect qui eſt
commun à la Douleur & à la Triſteſſe. Et
ſans doute quand la Sainéte Eſcriture dit
qu'à la mort du Lazare Ieſus-Chriſt *infremuit ſpiritu*; quelque explication qu'on
donne à ces paroles, elles ſe doiuent entendre à la lettre, du fremiſſement qu'il fit
en reſpirant les mots de πνεῦμα & de *ſpi-
ritus*, ſe prenant là pour l'haleine comme
il arriue tres-ſouuent dans les plus belles
expreſſions de la langue Grecque & de la
Latine. Parce que N. S. voulant faire connoiſtre la triſteſſe qu'il auoit voulu reſſentir, ſe feruit des marques & des effects naturels que cette Paſſion a accouſtumé de
produire. C'eſt pourquoy voyant pleurer
tous ceux qui l'abordoient *infremuit ſpiritu, turbauit ſeipſum. lachrymatus eſt:* Il fre-
mit en reſpirant, il ſe laiſſa émouuoir, & at-
tendrir le cœur, & puis il ietta des larmes,
qui eſt le progrez ordinaire que fait la Triſteſſe. Car elle commence par la contraction du cœur & des muſcles de la poitrine, et c'eſt ce qui fait fremir l'haleine:
puis le cœur s'attendrit, parce qu'il ſe re-

lasche pour enuoyer des esprits au cerueau, lesquels fondent apres les humeurs
& les changent en larmes.

Pour trouuer la cause de ce Fremissement
qui est assez cachée, il faut presupposer que
puisqu'il paroist d'ordinaire au commencement des larmes, il faut que le mesme mouuement dont l'Ame est alors agitée, contribuë à cét effet. Or il est certain que
dans le Ris & dans les Pleurs l'Ame se retire
& r'entre en elle-mesme, à cause de la surprise que le bien & le mal luy donnent;
& que voulant faire connoistre l'estat où
ell'est, il est necessaire qu'elle conforme les
organes au mouuement qu'elle souffre, &
qu'elle les fasse par consequent retirer,
comm'elle. Et c'est sans doute ce qui cause la contraction des muscles dans ces deux
actions, parce qu'ils ne peuuent se mouuoir qu'en se retirant vers leur principe.
Mais il y a cette difference que le mouuement des muscles qui se fait dans le Ris
regarde le bien que l'ame veut poursuiure,
& qu'au contraire celuy qui se fait dans
les Larmes regarde le mal qu'elle veut fuir.

C'eſt pourquoy tout l'effort qu'elle fait ſur la poitrine dans le RIZ, c'eſt pour faire ſortir l'haleine, parce qu'elle veut ſortir elle-meſme pour aller vers le bien : ET dans les Pleurs c'eſt pour faire rentrer l'air, parce qu'elle taſche de ſe cacher auec luy, & de fuir ainſi le mal. Car c'eſt vne erreur où la partie baſſe de l'ame tombe ordinairement, qu'en tranſportant les choſes dont ell'eſt la maiſtreſſe, elle croit que c'eſt elle meſme qui change de place; en ſorte que faiſant ſortir l'air des POULMONS ou l'y faiſant r'entrer, elle s'imagine que c'eſt elle-meſme qui ſort & qui r'entre : TOUT de meſme qu'en pouſſant les ESprits au dehors ou les retirant au dedans, elle penſe ſe produire ou ſe cacher auec eux. Dans le deſſein donc qu'elle ſe propoſe, elle fait agir dans le RIZ les muſcles qui ſeruent à pouſſer l'haleine, & dans les PLEURS ceux qui ſeruent à l'attirer : ET parce qu'ell'eſt egalement ſollicitée par le bien & par le mal qui la ſurprennent, elle fait faire ces actions par ſecouſſes & par repriſes promptement redoublées. De là vient qu'au RIZ ces redou-

blemens

doublemens paroiſſent dans l'haleine qui
ſort , & aux pleurs dans celle qui entre.
Mais parce qu'en retirant ainſi l'haleine l'air
qui entre impetueuſement heurte les levres ; il s'y fait vn certain bruit qui eſt le
Fremiſſement dont eſt queſtion.

Or ſi c'eſt la cauſe veritable de cet effet dans les Larmes, il ne faut pas douter
qu'elle ne le ſoit auſſi de celuy qui ſe fait
dans la Douleur & dans quelqu'autre Triſteſſe que ce ſoit : parce que l'Ame y a les
meſmes deſſeins que dans les Pleurs , ell'y
veut fuir comme là , elle pretend auſſi qu'-
en attirant l'air dans les Poulmons, elle s'y
va cacher auec luy, elle fait agir les muſcles qui ſont deſtinez pour cette attraction,
enfin, ell'y precipite ſon mouuement par
diuerſes repriſes eſtant preſſée par la violance du mal, & cauſe en ſuite le Fremiſſement dont nous auons parlé.

L'excez de la Douleur fait auſſi tres-
ſouuent *retenir l'Haleine* ; parce que c'eſt
vne action que l'on fait pour ſe preparer à
quelque grand effort : C'eſt pourquoy

Nn

quand on veut donner vn grand coup;
quand on veut pouſſer quelque choſe auec
force, on ne manque iamais de retenir ſon
haleine. L'ame ayant donc accouſtumé
d'employer cette action lors qu'elle veut
faire ſortir du corps des choſes qui l'incommodent & dont elle eſt chargée, s'en ſert
auſſi contre la Douleur, comme ſi c'eſtoit
vn mal qu'elle peuſt faire ſortir comm'elles; DE ſorte qu'elle tombe dans la meſme
erreur que lors qu'elle excite la TOUX pour
chaſſer l'vlcere qui eſt dans les poulmons,
ſur ce qu'elle chaſſe ainſi les humeurs qui
s'y ſont amaſsées ; ou quand elle enuoye
des ESprits aux playes croyant les pouuoir
reſoudre par eux , comm'elle fait les tumeurs & les apoſtumes.

Or comme la Retention de l'haleine ſe
peut faire en pluſieurs façons , à ſçauoir
doucement, quand il n'y a que le gozier qui
ſe ferme; fortement , quand les muſcles de
la Reſpiration agiſſent auec luy; ET violam-
ment, quand d'autres parties ſe joignent encore auec eux pour ayder à cette action.
On voit manifeſtement que dans les gram-

des Douleurs elle se fait auec toute la violance dont ell'est capable. Car non seulement le gozier se ferme, le ventre se ban-
de & l'haleine est poussée en bas; mais encore on roidit les bras, on ferme les poings,
& on serre les coudes contre les costez;
souuent mesme on grince les dens, on presse les levres l'vne contre l'autre, & la plus-
part des autres parties du visage se retirent.
Ce n'est pas pourtant que toutes ces actions
se fassent seulement dans la Douleur : car
par tout ailleurs où l'on est contraint de retenir l'haleine pour faire quelque grand
effort, on fait tous les mesmes mouuemens;
lesquels sont excitez par l'ame pour fortifier l'action principale qu'ell'a dessein de
faire, soit qu'ils y seruent effectiuement, soit
qu'ils y soient inutiles s'estant trompée
dans le choix des moyens qu'il y falloit
employer.

Car il est certain que comme en toute
sorte de mouuemens il faut tousiours qu'il
ait quelque soustien sur lequel la chose qui
se meut soit appuyée; les membres ne sçauroient iamais se mouuoir, que les parties

Nn ij

qui leur font voifines ne les fouftiennent; et fi le mouuement doit eftre fort & puiffant, il n'y en a gueres en tout le corps qui ne s'affermiffent pour appuyer celles qui font en action. Que s'il arriue qu'elles ne foient pas en cét eftat, le mouuement en eft plus foible & moins vigoureux : C'eft pourquoy les oyfeaux ne peuuent voler quand ils ont les jãbes rompuës; on ne court pas fi bien quand on a les mains liées; & on ne faute pas fi loin quand on ne roidit pas les bras & qu'on ne ferre pas les poings. Dans le deffein qu'a donc l'Ame de chaffer la Douleur, ell'affermit les mufcles de la refpiration pour appuyer les autres parties qui doiuent à fon aduis attaquer l'ennemy; et pour les rendre plus fermes, elle retient l'haleine en fermant le gozier, & la fait defcendre en bas, pour fouftenir le diaphragme, & c'eft ce qui fait *bander le ventre:* fouuent mefme elle fait *roidir les bras, fermer les poings & ferrer les coudes contre les coftés,* parce que ces parties, qui font proches de la poictrine, font comme autant d'arboutans & d'appuys qu'elle luy

donne pour la rendre plus ferme. Elle
ne ſe contente pas encore de cela, elle
fait *grincer les dents, ſerrer les levres & reti-*
rer la plus-part des muſcles du viſage, croyant
que l'affermiſſement qu'elle donne ainſi à
ces parties, ſeruira de quelque choſe à celles qui doiuent faire le coup. Mais elle ſe
trompe en celles-cy, car elles ſont inutiles
à l'action principale à laquelle elle les
deſtine.

C'eſt alors que *le viſage rougit* à cauſe du
ſang qui eſt contraint d'y monter par l'effort qui ſe fait dans la poictrine & qui
preſſe les veines qui portent le ſang à la
teſte. Mais cette rougeur ſe diſſipe quand
la reſpiration deuient libre; ſi ce n'eſt que
les Larmes ſoient preſtes à couler; car les
yeux & le viſage rougiſſent par l'abord des
eſprits qui montent en haut, comme nous
dirons au diſcours des Larmes.

Dans la Douleur comme dans la Triſteſſe, le viſage s'abbat & ſe renfrongne;
les yeux y ſont ſouuent triſtes & languiſ-
fans, quelquefois ils ſe tournent pitoya-

Le viſa-
ge rougit.

blement vers le Ciel ou vers ceux qui font prefens. Et ces effets viennent des mefmes caufes que nous auons examinées cy-deuant.

On pleu-re   Toutes deux font auffi *pleurer.* Mais il il y a cette difference, qu'il n'y a prefque que les femmes & les enfans qui iettent des larmes dans la Douleur ; au lieu que dans la Trifteffe, toutes fortes de perfonnes de quelque aage ou fexe qu'elles foient font capables de pleurer, comme nous dirons au Chapitre des Larmes.

La veuë est égarée.   *La veuë hagarde & efgarée* vient du Defefpoir & de l'Inquietude que la violance du mal excite dans l'Ame. Car pour fe tirer du peril où elle fe trouue, elle fait quelquefois de fi grands eflans, qu'elle fe iette comme hors d'elle-mefme, & paffe ainfi en vne efpece de Fureur qui luy ofte l'vfage de la Raifon ; en forte qu'vn homme paroift tout hors de foy : *Il pefte, il blafpheme, il fouhaitte la mort, il fe la donne quelquefois.* En cét eftat, fa veuë eft hagarde & efgarée, l'Ame ne pouuant dans le

tranſport où ell'eſt, arreſter les yeux ny regler leurs mouuemens. Mais l'*Inquietude*
qui accompagne ordinarement la Douleur, contribuë auſſi à cét effet, & le peut
meſme produire toute ſeule. Elle vient
en partie de l'agitation des eſprits qui ſont
irritez & qui ſollicitent continuellement
les membres à ſe mouuoir; en partie auſſi
de ce que l'on ne trouue point de ſituation ny de poſture qui ſoulage le mal que
l'on ſent. C'eſt pourquoy *on ſe tourne, on
ſe plie en cent façons, on ſe leue, on s'aſſied en
meſme temps, on va, on vient, on court;* Mais
auec tous ces mouuemens differens, la
Douleur ne change point de force ny de
place.

On porte auſſi les mains ſur la partie malade, pour la deffendre & pour la ſecourir.
Souuent *on la preſſe* & il arriue quelquefois qu'on la ſoulage par là, ſoit qu'on re-
pouſſe ainſi la cauſe du mal en d'autres
lieux, ſoit qu'on diminuë la tenſion dou-
loureuſe qui ſe fait dans les parties interieures, en preſſant les exterieures, com-

me dans les douleurs de teſte quand on preſſe le front.

La partie bleſſee s'enfle, deuient rouge & chaude.

L'*Enfleure*, *la Rougeur*, *la Chaleur* y ſur-uiennent, parce que les eſprits y accou-rent qui portent le ſang & la chaleur auec eux, pour la raiſon que nous auons dite.

Ell'eſt plus ſen-ſible.

Le ſentiment meſme s'y rend plus exquis à cauſe que la vertu ſenſitiue y deſcend plus abondamment pour luy faire remarquer pluſtoſt & plus exactement ce qui luy peut nuire dans la foibleſſe où ell'eſt.

Ell'eſt meſme en plus mauuais eſtat quand elle n'a pas ces accidens-là, parce que c'eſt vne marque que la faculté natu-relle l'abandonne, & qu'elle n'eſt pas en pouuoir de la ſecourir ny d'attaquer le mal.

La Dou-leur atti-re les hu-meurs ſur elle.

Enfin s'il y a de mauuaiſes humeurs dans le corps, elles ſe iettent ſur elle, on dit meſme que c'eſt *la Douleur qui les y attire*. Mais ces façons de parler ſont populaires, & n'expriment point la nature de ce mouue-ment : Car en ces rencontres, les humeurs ne ſe iettent pas ſur les parties, & la Dou-leur ny quelqu'autre choſe que ce ſoit ne

les

les y peuuent attirer, comme nous auons
monſtré cy-deuant. C'eſt la nature qui les
y pouſſe, ſoit par la vertu expulſiue des
parties qui ſe deſchargent, ſoit par le moyen
des eſprits qui portent & conduiſent les
humeurs. C'eſt donc par eux que la Nature enuoye aux lieux où l'on ſent la Douleur, les ſucs les plus malings qui ſoient dans
les veines, comme autant d'armes offenſi-
ues dont elle ſe veut ſeruir pour combattre le mal; de la meſme maniere que dans
la Colere elle porte le venin aux dents des
animaux pour deſtruire ce qui les offenſe:
Ce que nous auons amplement expliqué
dans la troiſiéme partie de ce Chapitre.
Mais ces humeurs-là reſſemblent aux troupes mal diſciplinées que l'on enuoye pour
deffendre vne Prouince, qui y font plus
de deſordres que les ennemis meſmes. Car
par leur acrimonie, elles augmentent la
Douleur & cauſent quelquefois des con-
uulſions, & par leur quantité elles accablent ſouuent la partie malade & y eſtei-
gnent la chaleur naturelle, d'où vient la
Gangraine. Que ſi la Douleur continuë

O o

long-temps, elles en alterent le temperament, & corrompent le sang qui y coule.
De sorte que n'ayant plus d'aliment propre pour se nourrir, ny la force de corriger les deffauts qui s'y trouuent , elle s'a-
maigrist & se desseiche, & perd à la fin le
mouuement.

Mais il ne faut pas oublier à examiner
icy deux choses qui donnent de la peine
à la Medecine: L'vne comment il se peut
faire *que la Douleur se sente dauantage où la
partie n'est point blessée, qu'au lieu où le mal
est effectinement, qui quelquefois ne la sent
point du tout.* L'autre, *pourquoy ceux à qui
on a couppé les bras ou les iambes, se plaignent
de la Douleur qu'ils croyent ressentir aux doigts
qu'ils n'ont plus.* Cette derniere n'est pas
difficile à resoudre, car c'est vn effect de
l'Imagination qui est accoustumée à sentir
ces parties , & qui ne s'aduise pas de les
auoir perduës. C'est pourquoy l'endroit
coupé faisant l'extremité du corps, elle s'i-
magine que la Douleur qu'ell'y sent, est
aux extremitez qui auoient accoustumé

d'y eftre. Et quoy que l'on fe plaigne tantoft d'vn doigt & tantoft de l'autre, il n'eft
point de befoin pour cela de recourir aux
diuerfes fibres des nerfs qui eftoient defti-
nez pour porter le fentiment à ces parties.
Car cette diuerfité ne vient que des differens endroits où le membre mutilé fent la
douleur, lefquels eftant à droit où à gauche
font imaginer que le mal eft aux doigts qui
refpondent à cette fituation. En effet apres
quelque temps l'imagination fe detrompe
& iuge veritablement du lieu ou l'on fent
la douleur ; ce qui n'arriueroit pas fi cela
dependoit des nerfs qui demeurent malades apres que cette phantaifie eft paffée.

Quant à l'autre difficulté ell'eft bien plus *Comment*
malayfée à refoudre. Car il n'eft pas facile *la douleur*
de conceuoir comment on puiffe fentir du *fe fent à*
mal dans vne partie fur laquelle l'objet de *la partie*
la douleur n'a fait aucune impreffion : Et *qui n'eft*
s'il eft vray ce que les Maiftres de la Me- *point blef-*
decine affeurent, que le fiege de la douleur *fée.*
l'eft auffi du mal qui la fait naiftre ; comment il fe peut faire que contre cette ma-

xime, la caufe foit dans la partie bleffée &
la douleur en celle qui ne l'eft pas. Car
non feulement il y a des parties qui communiquent la douleur qu'elles ont à d'autres qui font efloignées ; quelquefois auec
plus de violance qu'elles n'en fouffrent,
comme dans quelques fciatiques où la douleur eft plus fenfible aux cuiffes & aux jambes qu'au lieu veritable de la maladie ; Souuent auffi fans que celles qui font entredeux s'en reffentent, comme quand la douleur de la pleurefie fe fent aux clauicules,
ou quand on a mal à la tefte dans les douleurs des jointures & de l'eftomac , quoy
que toutes les parties qui font entredeux
en foient exemptes. Mais il y en a encore
qui ont en foy toute la caufe de la douleur
fans la fentir , & qui en laiffent tout le fentiment à celles qui femblent n'en auoir
point fouffert l'impreffion, comme quand
la tumeur du foye ne fait douleur qu'à la
clauicule & au derriere des efpaules ; &
quand la veffie ne fent qu'à l'extremité de
fon canal l'vlcere ou la pierre qui eft en
fon fonds.

Ie sçay les diuerses opinions qu'on a
euës là dessus, & qu'il y en a qui rapportent quelques-vnes de ces communications
aux parties nerueuses qui se respandent
d'vn endroit à l'autre : Qu'il y en a d'autres
qui la tirent de l'vnité de l'ame qui estant
vne en tous les membres fait part du sentiment que le mal cause en l'vn à vn autre
qui en est exempt ; Et qu'enfin il s'en est
trouué qui ont dit que l'image & l'espece
que l'imagination se forme de la douleur
d'vne partie, est capable de l'exciter en vne
autre. Mais il est aisé à iuger que toutes
ces opinions ne se peuuent soustenir, &
que si les raisons en estoient veritables il
s'ensuiuroit que l'on ne pourroit iamais a-
uoir de douleur considerable en vn endroit
qu'elle ne se communicast à toutes les parties du corps.

Pour se tirer d'vn pas si difficile, il faut
remarquer qu'en general il y a trois causes
de la Douleur corporelle, la Solution de
continuité, l'Intemperie, & la Tension :
Car quoy qu'on ait reduit celle-cy à la solution de continuité, & qu'il soit vray que

O o iij

quand ell’est violente, il y a quelques fibres de la partie tenduë qui se déchirent & se rompent : Neantmoins il est certain que sans cette rupture elle ne laisse pas d’estre douloureuse, comme estant contraire à la constitution naturelle des parties. Et de fait il n’est pas croyable, que les grandes coliques cessassent quelquefois si tost comme elles font, sans laisser aucun sentiment de Douleur, si elles auoient déchiré quelques fibres des intestins qui en ont esté trauaillez. Cela presupposé, il est facile d’expliquer comment la Douleur qui vient de l’Intemperie & de la Tension se communique aux parties éloignées ; parce que l’Intemperie est vne qualité qui se respand successiuement de tous costez ; et que la Tension est vn mouuement qui occupe ordinairement la partie en toute son estenduë. Mais parce qu’il y a des parties qui sont plus sensibles que les autres, il arriue souuent que l’intemperie en se respandant, saisit ces parties-là & y cause vne plus grande Douleur que dans la source du mal. C’est ainsi que les inflammations des visceres ne sont dou-

loureufes que lors qu'elles ont atteint la
membrane qui les couure. La mefme chofe fe fait dans la Tenfion, & d'ordinaire elle
caufe plus de Douleur à l'extremité qu'au
commencement ou au milieu de la partie; parce que le mouuement y eft plus violent : pautant qu'il n'y a plus rien qui cede
quand il eft à l'extremité, & que toute fa
force fe reünit là ne pouuant aller plus loin.
C'eft ainfi que les tumeurs du foye fe font
fentir à la clauicule & aux efpaules à caufe
qu'elles eftendent les fibres des membranes
qui l'attachent à ces endroits; C'eft ainfi que
la pierre ou quelque humeur acre venant à
irriter les vlceres de la veffie, fes fibres fe
refferrent & font vne tenfion douloureufe
au lieu où elles aboutiffent.

On ne fe peut pas fatisfaire fi facilement
touchant la Solution de continuité qui ne
fe répand pas comme l'intemperie & le
mouuement. Et la difficulté eft principalement pour celle qui eft fraifchement faite : Car pour les autres, où la tumeur &
l'inflammation font furuenuës, on voit bien
que ces accidens-là fe peuuent refpandre

bien loin, & porter aux parties voiſines &
à celles meſme qui ſont aſſez éloignées, la
cauſe de la Douleur que l'on y ſent. Mais
pour celle qui vient d'eſtre faite, comme
ſeroit par exemple vne Playe qui ne cauſe
pas ſeulement de la Douleur aux ſuperfi-
cies que la diuiſion a produites, mais encore aux parties qui les enuironnent : Il
n'eſt pas aiſé de dire comment la Douleur
s'eſtend iuſques à elles, puiſqu'elles ne ſont
pas diuiſées, & que l'on ſuppoſe qu'il n'y
a point d'autre cauſe de la Douleur que la
diuiſion ; n'eſtant pas vray ſemblable que
l'intemperie qui demande beaucoup de
temps pour s'introduire, y puiſſe eſtre deſia.
Puiſque la diuiſion n'eſt donc autre choſe
que les parties diuiſées, & que ces parties
ne ſe peuuent communiquer, comment
eſt-ce que la Douleur qu'elles ont ſe com-
munique-t-elle aux autres?

Il faut donc dire que cette ſuppoſition
eſt faulſe, & qu'il eſt veritable qu'il n'y a
point de Solution de continuité qui ne ſoit
accompagnée de quelque intemperie & de
quelque tenſion, & que c'eſt par elles que

la

la Douleur ſe communique d'abord aux
parties voiſines. Car ſans parler de la con-
tuſion ſecrete qui ſe fait en toute diuiſion,
il eſt certain que les fibres des parties diuiſées ſe retirent incontinant, d'ou vient que
les levres d'vne playe s'eſloignent l'vne de
l'autre, & s'il s'y rencontre des nerfs, il s'y
fait conuulſion. C'eſt pourquoy quand les
levres des playes deuiennent lâches & molles, c'eſt à dire quand il n'y a plus de contraction des fibres, on n'y ſent plus de Douleur; et la contraction ne ſe fait point ſans
tenſion, comme il eſt aiſé à juger. D'ailleurs les parties diuiſées s'alterent à la rencontre de l'air qu'elles n'auoient point accouſtumé de ſentir, & ce changement eſt
ſi puiſſant en quelques vnes, qu'il eſt capable de les corrompre. De ſorte qu'il ne
faut pas s'eſtonner ſi la Douleur que l'on
ſent d'abord aux playes ſe reſpand aux parties voiſines, parce qu'elles ſe reſſentent
de l'intemperie & de la tenſion qui s'y fait.
Apres cela quand la faculté naturelle s'eſt
ſoûleuée, & qu'ell'a enuoyé les eſprits &
le ſang à la partie malade pour la fortifier,

P p

& des humeurs malignes , pour deſtruire
le mal qui y eſt , comme nous auons dit
cy-deuant ; Alors la douleur ſe communique aux parties les plus eſloignées , parce
que l'intemperie eſt plus grande à cauſe de
la chaleur que les eſprits & les humeurs
acres y apportent; & que la tenſion eſt plus
forte à cauſe de la tumeur qu'ils y font,
qui eſtend dauantage les fibres. Il arriue
meſme ſouuent que ces humeurs malignes
ſe reſpandent en diuers endroits fort eſloignez du premier mal & y cauſent de la
Douleur. Et ſans doute celle de la Sciati-
que qui ſe communique aux iambes vient
de l'eſpanchement de l'humeur qui s'y fait:
Car Hippocrate ne la rapporte pas comme
on fait communement aux nerfs & aux
tendons qui reſpondent à la iointure; mais
au ſang corrompu qui coule par les veines
en ces parties-là , & qui les mord & les
picque par ſon acrimonie.

Ce ſont-là les moyens par leſquels la
Douleur a de couſtume de ſe reſpandre
aux parties qui ont quelque ſocieté & pro-
ximité entr'elles. Car pour les autres qui

font tout à fait feparées du lieu où eſt le principal ſiege de la Douleur, la communication qu'elles en ont vient du tranſport des humeurs, des vapeurs & autres matieres qui s'y fait ſans que la partie bleſsée y concoure. Ainſi quand la Douleur de teſte ſuruient aux Douleurs des iointures comme Auicenne a obſerué, il ne faut pas la rapporter comme luy à cette eſpece imaginaire qu'il s'eſt figurée; ce ſont les vapeurs qui ſe ſont eſleuées à la teſte par l'agitation des humeurs que la violence de la premiere Douleur a cauſée. Car puiſque cette violence peut exciter la fievre & les ſyncopes, & qu'alors la faculté naturelle s'irrite & remuë toute la maſſe du ſang, il ne faut pas douter que s'il ſe rencontre des impuretez dans le corps, elle ne les agite; & que de cette agitation il ne s'engendre quantité de vapeurs malignes qui montent au cerueau, où elles cauſent la Douleur, ſans que les parties par où elles paſſent s'en reſſentent; ſoit parce qu'elles n'ont pas beaucoup de ſentiment, ſoit parce que les vapeurs n'y font pas ſeiour &

Pp ij

qu'elles ne s'y amaſſent pas comm'elles font dans la teſte.

Il y a encore icy vñe choſe à conſiderer ſur la Douleur des parties, à ſçauoir *qu'encore qu'il n'y ayt qu'vn petit endroit qui ſente le mal, neantmoins tout l'animal en eſt troublé*, comme ſi la Douleur s'eſtoit reſpanduë dans l'Ame toute entiere. Mais quand on ſe ſouuiendra de ce que nous auons dit tant de fois, que la Douleur eſt vn mouuement de l'appetit, & que l'appetit eſt vne puiſſance generale qui agite toute l'ame & qui gouuerne tout le corps, on n'aura pas de peine à conceuoir pourquoy l'émotion de la douleur ſe communique à l'animal tout entier. Car pour ce qui eſt du ſentiment que la cauſe du mal excite, il eſt borné à la partie bleſsée, parce que c'eſt là où ell'a fait ſon impreſſion. Et c'eſt là auſſi où la Douleur eſt plus grande, non ſeulement parce que l'alteration qui eſt le veritable mal, y eſt effectiuement; au lieu qu'il n'eſt dans dans l'Ame que par l'eſpece & l'image qu'elle s'en eſt formée; mais enco-

re parce que de trois chofes qui concourent enſemble pour rendre cette Paſſion
complete, à ſçauoir le ſentiment, le mouuement de l'Appetit, & le jugement de l'I-
magination ; il n'y a que les deux dernieres qui ſe trouuent dans cette douleur generale de l'Ame, & que toutes les trois
ſont reünies en celle qui ſe ſent à la partie
bleſſée. Auſſi peut-on dire qu'ell'eſt la
ſource où bouïllonne la Douleur, & que
ce qui s'en ſent ailleurs n'en eſt que l'eſ-
coulement & l'inondation.

La Douleur & la Triſteſſe *abbattent &*
ruinent les forces, mais celle-cy le fait peu
à peu, & l'autre le fait promptement : Car
la Triſteſſe les conſume & la Douleur les
diſſipe : parce que la Triſteſſe étouffe la
faculté vitale & l'empeſche de produire
autant d'eſprits qu'il eſt neceſſaire pour la
perfection des fonctions de la vie ; & comme ils diminuent touſiours peu à peu, le
corps s'affoiblit auſſi à proportion. Mais la
Douleur irrite cette faculté & luy fait
pouſſer les eſprits auec tant de violence &

La Dou-
leur abbat
les forces.

en ſi grande quantité, qu'elle ne peut ny
les r'appeller ny les reparer : D'où vient
qu'ils ſe perdent & cauſent des deffaillan-
ces & des ſyncopes, comme nous auons dit,
ou laiſſent dans les parties vne langueur
pareille à celle qui ſuccede aux grands trauaux & aux violens exercices. Il y a neantmoins cette difference, que la Foibleſſe que
cauſe la Douleur eſt plus longue & plus
dangereuſe ; parce qu'elle eſt chagrine &
qu'elle ne peut pas ſe releuer ſi toſt que
celle qui vient du trauail. La raiſon en eſt
que la contraction du cœur qui accompagne touſiours cette Paſſion, & qui s'eſt meſme augmentée par la laſſitude de la faculté naturelle, empeſche la reparation des eſprits, comme nous auons dit, & rend la
foibleſſe chagrine, plus longue & plus pe-
rilleüſe. Au lieu que la foibleſſe qui vient
du trauail eſt tranquille & n'a rien qui s'op-
poſe à la generation des eſprits qui peuuent releuer promptement les forces abba-
tuées. Mais quelle qu'elle puiſſe eſtre, ſi elle dure long-temps, ell'abbrege & accourcit la vie, puiſqu'ell'en deſtruit les fonde-

miens, comme il eſt aiſé à juger.

Le Pouls de la Douleur eſt grand, vehement, frequent & viſte, à cauſe de l'irrita-
tion de la faculté vitale qui augmente la
chaleur du cœur, qui agite les eſprits &
qui fait effort pour en produire de nouueaux. C'eſt pourquoy elle fait faire de
plus grands & de plus prompts mouuemens au cœur, tant pour allumer la chaleur naturelle & exciter les eſprits, que
pour attirer plus d'air & pour chaſſer les
fumées qui ſont alors plus abondantes qu'-
elles n'eſtoient auparauant. Mais outre cela le Pouls y eſt dur, parce que la ſubſtance
du cœur & des arteres ſe reſſerre & s'affermit pendant que leurs cauitez s'ouurent
& s'eſlargiſſent. Car comme la Douleur
conſiſte dans la contraction de l'Appetit
ſenſitif & dans le ſouleuement de l'Appetit
naturel, l'Ame dilate les cauitez du cœur
& des arteres pour ſatisfaire au mouuement de la faculté naturelle, & en reſſerre
la ſubſtance, pour ſeconder la contraction
que ſouffre la ſenſitiue comme nous auons
dit cy deuant.

Quel eſt le Pouls de la Dou-leur.

Que la Douleur oste le sentiment de tous les biens ; qu'ell'en rende la jouyssance importune ; qu'elle rende la vie chagrine & ennuyeuse ; qu'elle fasse hayr les compagnies & les autres diuertissemens ; qu'elle oste l'appetit & le sommeil ; ce sont des effets qu'ell'a communs auec la Tristesse, dont nous auons desia parlé aux discours precedens : et nous n'auons rien à y adiouster sinon que la Douleur fait tout cela plus puissamment que la Tristesse, parce que l'Ame y est plus allarmée & qu'ell'a vn plus dangereux ennemy qui la presse, comme nous auons dit ailleurs. De sorte qu'il ne nous reste plus rien à examiner, que la maniere de s'exprimer dont se sert la Douleur ; et la fievre qui luy suruient ordinairement.

Pourquoy on s'exprime en termes metaphoriques pour expliquer sa Douleur.

Pour ce qui est du premier qui consiste *en ces façons de parler figurées & hyperboliques* qui sont ordinaires dans la Douleur ; on pourroit dire que l'on represente les maux que l'on souffre par des expressions plus fortes afin qu'en les faisant ainsi paroistre

plus

grands, ils donnent dauantage de compaſſion; parce que ce n'eſt pas vn petit ſoulagement que d'eſtre plaint, tant par l'aſſeu-
rance que l'on a d'eſtre aymé de ceux qui
nous plaignent, que par l'eſperance du ſecours que l'on en attend. Car puiſque le
motif ſecret que la Nature inſpire dans la
Douleur & dans la Triſteſſe, eſt de demander ſecours, & que c'eſt pour cela que
l'on crie, que l'on gemit, que l'on ſe plaint;
le recit des peines que l'on endure, tend
ſans doute à la meſme fin. Mais outre cette raiſon, il y en a vne autre qui eſt plus
phyſique & qui eſt tirée de la nature de la
Douleur.

. Pour la mettre en ſon iour, il faut ſe reſſouuenir que cette Paſſion n'a point de differences eſſentielles qui la puiſſent diuiſer
en d'autres eſpeces; parce que la contraction de l'Ame où conſiſte ſon eſſence, ne
ſe fait que d'vne ſeule maniere : mais que
celles qu'on luy donne ſont tout à fait ac-
cidentelles & eſtrangeres, & ſont priſes du
ſuiet, de la cauſe & des circonſtances qui
l'accompagnent. Or comme l'eſſence de la

Q q

Douleur eſt inconnuë & principalement au peuple qui eſt depoſitaire & le maiſtre des paroles, il ne faut pas s'eſtonner s'il n'a peû trouuer de mots propres pour exprimer ſa nature, & s'il a eſté contraint d'employer ceux qui ſont particuliers aux autres maux & de les appliquer à celuy-cy ; lequel eſtant vn des plus grands qu'on puiſſe auoir, s'eſt approprié auſſi le nom de ceux que l'on croit les plus faſcheux. Et c'eſt de là que dans les violentes Douleurs on dit ſouuent *que l'on eſt mort, que l'on ſe meurt, qu'on eſt à la geſne, à la torture, dans les tourments* & autres ſemblables.

Voila pour ce qui regarde la façon de parler de la nature de la Douleur. Quant à ſes differences comm'elles ſont en plus grand nombre, il y a auſſi plus de diuerſité dans les expreſſions dont on ſe ſert : On peut neantmoins les ranger en deux ordres. Car les vnes marquent la nature & la qualité des cauſes qui produiſent la Douleur : les autres expriment la maniere dont elles agiſſent. Generalement parlant, les premieres ſe font par des termes propres &

qui conuiennent à la nature & à la qualité des caufes. C'eſt ainſi que l'on dit que l'on fent *vne Douleur aigüe, picquante, tranchante*, & ainſi des autres differences que nous auons marquées cy-deuant; parce qu'il eſt vray qu'il y a des choſes qui percent, qui picquent, qui tranchent, &c. Mais pour celles qui deſignent la maniere dont les cauſes agiſſent, pour l'ordinaire elles ſont metaphoriques & ne ſe rapportent à l'eſpece de la Douleur qu'indirectement & par des comparaiſons qui la repreſentent ſouuent plus grande qu'elle n'eſt. C'eſt ainſi que l'on dit que *l'on ſe ſent deſchirer, tenailler, briſer, rompre les membres, &c.* où il eſt certain qu'il ne ſe fait rien de tout cela : quoy qu'on pretende faire connoître par ces termes figurez la maniere dont l'alteration ſe fait dans les parties, & la grandeur de la Douleur qu'ell'y cauſe. La raiſon de cela vient de la difficulté qu'il y a à faire bien conceuoir aux autres le ſentiment que l'on a de ces choſes-là : Car outre qu'il n'y a point des termes propres pour l'exprimer; le mal que l'on ſent ne

Qq ij

touche point ou fort peu, celuy à qui on le raconte. C'eſt pourquoy pour le luy faire côprendre, il faut le faire reſſouuenir de celuy qu'il peut auoir reſſẽti, ou dont il a d'ailleurs quelque connoiſſance, & ſe ſeruir par conſequent de ces termes figurez que nous venons de marquer, qui luy repreſentent la peine où l'on eſt par celle qu'il a ſoufferte ou qu'il croit eſtre fort grande. Elle n'eſt pas à la verité touſiours auſſi violente qu'ils la font paroiſtre; мais ſi on en croit le malade, elle l'eſt encore dauantage, parce que le mal preſent ſemble touſiours extreme à celuy qui le ſouffre, & quelque ſouuenir que l'on ayt de la violence d'vne Douleur paſſée, elle n'égale iamais celle que l'on ſent, quoy qu'elle ſoit beaucoup moindre.

Ie ne ſçay ſi on pourroit adiouſter icy vne choſe qui ſemblera ridicule quoy qu'elle ſoit fort remarquable, à ſçauoir que dans toutes les langues la lettre L, ſe trouue preſque en tous les mots qui expriment la nature & les effets de la Douleur Car dans la Latine il y a *doleo, lugeo, plan-*

go, *fleo*, *ploro*, *lamentor*, *eiulo*, *lacrymor*, & c
dans la Grecque ἀλγέω, λυπέω, κλαίω, ἰαλέμος, &c.
il y en a encore dauantage dans l'Hebraï-
que & dans la Tudefque & par confequent
dans les autres qui font deriuées de ces
langues matrices. Or comme il n'y a pas
d'apparence que le feul hazard ayt fait entrer cette lettre en tant de mots qui fe rapportent à vne mefme chofe, on pourroit
dire à mon aduis que cela eft venu de ce
que la pluf-part des mots & principalement ceux qui defignent les Paffions, ont
efté formés conformement aux mouuemens
dont l'Ame eft agitée; parce que l'Ame faifant
mouuoir les organes conformement à l'e-
ftat où elle fe trouue, elle donne à la voix
de differentes prononciations qui expriment & reprefentent en quelque forte les
fentimens qu'ell'a & les agitations qu'elle
fouffre. Comme la Douleur eft donc vne
Paffion où l'Ame fe fent foible & lâche,
& où le cœur s'attendrit, il faut pour reprefenter ces difpofitions, que dans les
mots dont elle fe fert, elle y employe des
voix dont la prononciation foit molle &
Qq iij

lâche; et comme les Larmes & les Plaintes font les principaux & les plus ordinaires effets de cette Paffion, ces lettres doiuent eftre du rang de celles qu'on appelle
Liquides, où la voix n'eft pas étouffée foubs
les organes comme font les lettres muet-
tes, mais qui s'efchappe dans les deftours
qu'elle prend & qui à vn cours ondoyant
comme l'eau qui fe refpand d'vn cofté &
d'autre, quand ell'eft arreftée. Or de toutes les liquides il n'y en a point dont la
prononciation foit plus foible & plus molle & qui reprefente mieux le cours des
Larmes & des Plaintes que celle dont eft
queftion. En effet, ceux qui ont la langue
trop humide comme les enfans & ceux
qui font yvres, changent toufiours l'R qui
eft la plus forte de toutes les confones en
L, & le pfellifme qui eft le nom que la
Medecine a donné à ce deffaut n'arriue
que par la foibleffe des mufcles de la langue. D'ailleurs fi on confidere que la prononciation de cette lettre fe fait quand la
voix qui eft arreftée par l'extremité de la
langue en frappant mollement le palais, fe

respand dans les cauitez des jouës, où elle flotte & ondoye comme l'eau qui est agitée ; on verra bien que de toutes les consones il n'y en a point qui represente mieux le cours des Larmes & des Gemissemens, & qu'enfin c'est la plus foible & la plus coulante de toutes.

La Fievre suruient à la Douleur, non pas en tant que Douleur ; car outre que la Douleur deuance la Fievre de beaucoup de temps ; il y a de tres-grandes douleurs, & celles mesmes qui au rapport de Pline ont passé dans tous les siecles pour les plus violentes, à sçauoir la Douleur de teste, d'estomach & de la grauelle, qui sont ordinairement sans fievre. Elle suruient donc à la cause de la Douleur & particulierement à l'Intemperie & à la Solution de continuité. Car quoy que la Tension produise d'aussi viues & d'aussi fortes Douleurs, qu'elles, comme il arriue dans les coliquesnephritiques & venteuses, neantmoins elle n'a pas accoustumé d'exciter la Fie-vre.

Pour trouuer la raison de cette difference, il faut premierement considerer que
la Fievre ne paroist que long-temps apres
que l'Intemperie & la Solution de continuité sont faites, & que la Douleur s'en
est ensuiuie; parce que la Fievre est vn mouuement de la faculté naturelle qui est irritée, comme nous allons monstrer; Et que
cette faculté ne se meut & ne se soûleue
contre le mal que quelque temps apres
qu'on le ressent. Or comme l'Intemperie & la Solution de continuité destrui-
sent tout à fait la constitution naturelle des
parties, & que la Tension n'est qu'vn ache-
minement & vne disposition à la Solution
de continuité ; cela est cause que la Nature ne s'allarme pas tant de celle-cy , &
ne fait pas de si grands efforts contr'elle
que contre les autres. C'est pourquoy ell'y
excite rarement la Fievre; au lieu que dans
les deux premieres , si peu considerables
qu'elles soient par leur grandeur ou par la
noblesse de la partie qui les souffre, elle ne
manque presque iamais de l'allumer & de
la rendre souuent tres-violente.

L'ordre

L'ordre qu'elle tient donc en ces rencontres, c'eſt qu'apres que la connoiſſance de ces deux maux eſt deſcenduë iuſqu'à elle, ell'enuoye des eſprits à la partie bleſſee pour la fortifier & pour chaſſer l'ennemy : Et ſi le deſordre eſt ſi grand que ce ſecours ne ſuffiſe pas pour le diſſiper, elle fait ſon dernier effort & ramaſſe toute la chaleur naturelle dans le cœur, elle l'irrite & la rend meſme plus forte & puis elle la reſpand par tout le corps ; Et c'eſt ce que nous appellons la Fievre, qui eſt vne maladie ſi on regarde les faſcheux accidens qui l'accompagnent ; Et vn remede ſi on conſidere le deſſein & la fin que la Nature ſe propoſe.

Ce que c'eſt que la Fievre, & comment elle ſe forme.

NO v s voila engagez à parler de la nature de la Fievre, puiſque nous auons promis de monſtrer que ce n'eſt qu'vn mouuement de la faculté naturelle. Et certainemét il n'y a point de lieu où nous puiſſions plus raiſónablement nous acquitter de cette promeſſe que celuy-cy : Car quoy que nous ayons deſia touché à cette matiere au Chapitre de la Hardieſſe , & que nous ayons ietté les fondemens de cette opinion en diuers endroits de cét Ouurage ; il eſt certain que l'examen en appartient particulierement à cette Paſſion , puiſqu'il n'y en a point qui excite ſi ſouuent la Fievre que la Douleur : et que ſi nous perdons cette occaſion, nous n'en pourrons peut-eſtre iamais trouuer de plus fauorable pour découurir vne verité ſi neceſſaire à noſtre deſſein , ſi importante à la vie des hommes & ſi vtile à la Medecine. Il ne faut pas pourtant que le Lecteur attende de nous que nous l'allions ietter dans les longues & faſcheuſes difficultez dont les Autheurs ont embarraſſé cette matiere , vne ſeule decidera la queſtion.

Apres auoir donc preſuppoſé comme vne choſe conſtante & connuë de tout le monde que la Fievre eſt vne chaleur exceſſiue & extraordinaire, qui s'allume dans le cœur & qui ſe reſpand par tout le corps, & qui meſme , ſi l'on veut , bleſſe les actions de la vie. Il eſt queſtion de ſçauoir ſi cét excez de chaleur eſt produit par quelque feu eſtranger ou ſi la Nature le peut pro-duire elle-meſme.

L'opinion commune veut qu'il ſe faſſé par vne cauſe eſtrangere qui ayt la vertu d'eſchauffer, & quoy qu'ell'en compte de cinq ſortes qui ont ce pouuoir-là ; elle dit neantmoins que la principale & la plus or-dinaire c'eſt la Pourriture ; Et que les va-peurs qui s'éleuent des humeurs qui ſe cor-rompent & ſe pourriſſent venant à monter au cœur l'eſchauffent & l'enflamment, & cauſent en ſuite toutes les fievres dont nous ſommes ordinairement attaquez. Car hors les fievres hectiques, les ephemeres & quelques vnes que l'Eſcole appelle ſyno-ques qui ſont tres-rares, toutes les autres viennent comme l'on dit, de la Pourriture.

Mais il y a bien des choſes à dire contre cette hypotheſe. Premierement, il fau-droit que la vapeur qui eſchauffe le cœur fuſt non ſeulement plus chaude que luy, mais encore qu'ell'euſt autant de chaleur qu'en a tout le corps dans la plus grande

R r ij

ardeur de la fievre, puifque c'eft d'elle que
vient toute cette chaleur eftrangere, fi la
fuppofition eft vraye. Or il n'eft pas vray-
femblable que l'humeur qui fe pourrit &
dont la vapeur eft fi chaude, peuft eftre en
vn endroit du corps fans fe faire reffentir durant la Fievre, & auant mefme
qu'elle fe foit allumée : Car il n'y a pas d'apparence qu'elle n'acquiere cette grande
chaleur qu'au moment qu'elle exhale fes
vapeurs au cœur, il faut qu'elle l'ait euë auparauant & dés le temps qu'ell'a commencé à fe pourrir. Cependant on n'a iamais remarqué aucune partie du corps où l'on ayt
reffenti la chaleur des humeurs qui fe pour-
riffent & qui ont allumé les Fievres que l'on
appelle Effentielles.

Mais fi ce que Galien a dit eft veritable,
qu'il ne fe peut rien former dans le corps
qui foit fi chaud que le cœur, & que l'experience mefme nous ayt appris qu'il n'y a
point de tumeurs exterieures quelques en-
flammées qu'elles foient qui ayent tant de
chaleur que luy ; comment fe peut-il faire
que la vapeur qui fort de ces tumeurs ou

de quelqu'autre pourriture qui se soit faite dans le corps, eschauffe vne partie qui est plus chaude qu'elle.

Apres tout, la Pourriture ne se fait que par vne chaleur moderée & les choses qui se pourrissent n'en peuuent souffrir d'autre : Car si ell'estoit plus grande, elle dissiperoit trop tost l'humidité & empescheroit la putrefaction : C'est pourquoy l'ardeur de la Fievre ne peut venir de la Pourriture & ne sçauroit compatir long-temps auec elle. On a beau apporter l'exemple du fiems qui s'eschauffe en se pourrissant : car outre que cette chaleur n'égale ou du moins ne surpasse pas celle du cœur, elle ne vient pas de la Pourriture non plus que celle des herbes & des fleurs qui sõt entassées & pressées ; mais des sels vegetaux & volatils qui s'exhalent & qui sont arrestez. Car le fiems qui n'est point entassé ne s'eschauffe point quoy qu'il se pourrisse, & mesme il n'y a guere que celuy des cheuaux qui mangent de l'orge ou de l'auoine qui s'eschauffe ainsi, tous les autres pourrissent sans prendre aucune chaleur qui soit considerable.

R r iij

Mais quoy! les humeurs pourries font
chaudes & on les fent telles au toucher: il
eſt vray , mais c'eſt à cauſe des eſprits qui
ſont meſlez auec elles : Car ſi elles l'eſtoient
d'elles-meſmes, elles paroiſtroient toûjours
chaudes en quelque eſtat qu'elles fuſſent
comme l'eau qui eſt eſchauffée. Cependant
le corps d'vn homme qui vient de mourir
d'vne Fievre ardente, qui eſt tout plein de
bile corrompuë & qui marque par ſa puan-
teur quel eſt l'excez de la pourriture, bien
loin d'eſtre chaud, eſt froid au toucher.

D'ailleurs , n'y a t-il pas des maladies
où les humeurs ſont corrompuës ſans qu'il
y ayt de Fievre? au contraire, n'y a-t-il pas
des Fievres tres-violentes ſans aucune marque de pourriture? En effet, la Fievre ne
s'allume iamais dans toutes les eſpeces de
Ladrerie. Comment eſt-il poſſible qu'vne
ſi grande corruption, qui eſt reſpanduë dans
toutes les veines & qui gaſte meſme la ſubſtance du foye, n'exhale point de vapeurs
au cœur qui ſoient capables d'y exciter la
Fievre? Comment ſe peut-il faire qu'il n'en
ſorte point de toutes ces humeurs corrom-

puës que la Nature fepare de la maffe du fang & qu'elle tire du fonds des veines pour les ietter fur le cuir, & qui caufent tant de puftules malignes & purulentes dont le corps eft quelquefois tout couuert fans que la Fievre y paroiffe. D'vn autre cofté que fçauroit-on dire de ces Fievres malignes où il n'y a aucune marque de pourriture, finon qu'il y a vne corruption fecrete & cachée : mais ce n'eft pas là vne raifon, c'eft vne diuination. Et fi on la fonde fur l'apparence qu'il y a que puifque la Pourriture eft la caufe des autres Fievres, elle le doit eftre auffi de celles-cy ; on pourra dire plus vray-femblablement, que puifqu'il y a des Fievres qui ne viennent point de Pourriture, celles-cy où il ne s'en voit aucune marque, peuuent eftre de ce nombre-là.

D'ailleurs, comment fe peut-il faire que la bile qui fait les erefypeles ne caufe point de Fievre quand ell'eft dans les veines, mais feulement lors qu'ell'en fort & qu'elle fe iette fur quelque partie exterieure ? N'eftoit elle pas corrompuë auant que de fortir, puifque la Nature ne la chaffe que pour ce fuiet? Ne fumoit-elle point auparauant, lors qu'ell'eftoit en vn lieu plus chaud & plus ample? N'eftoit-elle pas plus proche du cœur pour luy communiquer cette ex-halaifon maligne qui le doit enflammer?

On en peut dire autant de l'humeur qui caufe les accez des Fievres intermittentes; car fi elle fort en ce temps-là hors des vaif-feaux, comme ils difent, c'eft vne merueil-le qu'elle n'ayt pas excité la Fievre aupa-rauant; puis qu'elle ne fort que parce qu'-ell'eft corrompuë; mais c'en eft encore vne plus grande qu'elle l'allume & l'entre-tienne apres qu'ell'eft fortie, eftant alors en vn lieu moins enfermé, moins chaud & plus efloigné du cœur.

Ie voudrois bien demander pourquoy les Fievres font plus grandes dans les iours critiques & dans la vigueur & l'eftat des ma-ladies? eft-ce que la Pourriture y eft plus grande? cependant ce n'eft pas elle qui fait les Crifes, c'eft la Nature toute feule. Et dans la vigueur des maladies qui fe doiuent guerir, les humeurs ne font pas fi corrompuës

puës , puifqu'elles font corrigées par la coction que la chaleur naturelle en a faite.
Pourquoy enfin il fe trouue des Fievres qui
ceffent tout à coup, lors que le malade eft
en plus mauuais eftat , & que la mefme
Pourriture qui les y auoit caufées y eft encore , & y eft mefme vray-femblablement
plus grande.

Il y a cent autres raifons que l'on pourroit apporter pour deftruire cette opinion;
mais celles-cy fuffifent pour conclurre que
la Pourriture ne produit point effectiuement la Fievre, & que ce n'en eft que l'occafion non plus que les autres caufes que
l'on en a données. Car quand la Nature
fçait que les humeurs font alterées ou corrompuës, ou que les parties font diuisées,
ou qu'il y a quelque autre defordre confiderable dans le corps, elle fe foûleue & fait
effort pour le corriger ou pour le chaffer.

Certainement qui confiderera bien ce
qui fe paffe dans la Colere où l'Ame irrite
& augmente la chaleur du cœur, où ell'agite & foûleue tous les efprits & toutes les

humeurs qui font dans les veines, iugera
fans doute que c'eft vne forte de Fievre,
ou du moins que c'en eft vne image tres-
parfaite. Car outre que le mefme trouble
de l'Ame, la mefme tempefte des efprits,
les mefmes changemens de couleur, de
pouls, de refpiration, la mefme ardeur &
la mefme inquietude fe trouuent également
en l'vne & en l'autre. Il eft certain que ce
que l'iniure eft à l'égard de la Colere, l'alteration du corps l'eft à l'égard de la Fievre;
c'eft à dire que comme l'iniure n'efchauffe
point le cœur, qu'elle n'agite point les efprits, qu'en vn mot, elle n'eft que l'occafion & le motif de la colere; l'alteration du
corps n'en fait pas dauantage dans la Fievre & n'en eft que l'occafion & la caufe
motiue. De forte que s'il eft veritable que
c'eft l'Ame feule qui excite la Colere, &
qu'elle ne l'excite que parce qu'elle fent
l'iniure & qu'elle la veut repouffer, il s'enfuit qu'il n'y a qu'elle auffi qui allume la
Fievre, & qu'elle ne l'allume que parce
qu'elle fent l'alteration du corps, & qu'elle
la veut diffiper. Mais parce que la Colere

se forme dans la partie sensitiue, & que la
Fievre se fait dans la naturelle, on peut dire
que la Colere est la Fievre de l'appetit sensitif & que la Fievre est la colere de l'appetit naturel. Mais auant que de proposer les
Obseruations particulieres qui peuuent
confirmer ces veritez, il faut bien establir
le Principe que nous venons d'auancer.

Quelque connoissance que les choses vi-
uantes puissent auoir, elle n'est destinée *L'appetit*
que pour poursuiure le bien qui leur est *est cause*
propre, & pour fuir le mal qui les peut *de tous les*
destruire. Et dautant que pour poursuiure *mouue-*
& pour fuir il faut se mouuoir; il a fallu *mens.*
qu'en tous les diuers ordres de l'Ame, il y
ait eu vne partie connoissante & vne partie
mobile que l'on nomme appetit. Or comme il y a trois sortes d'Ame, l'Intellectuelle, la Sensitiue & la Vegetatiue, chacune a
sa connoissance particuliere, chacune a son
appetit propre. La volonté est l'appetit de
l'Entendement, l'appetit sensitif l'est de l'I-
magination, & l'appetit naturel l'est de
l'Ame vegetatiue qui connoist à sa mode

S s ij

les chofes qui luy font bonnes & mauuaifes.

Tous ces appetits n'agitent pas feulement l'Ame dont ils font partie, ils meuuent encore le corps, & ont des organes
propres pour cét effet. Les mufcles font
les inftrumens de la volonté & de l'appetit
fenfitif; les fibres qui entrent en la compofition de toutes les parties, le font de l'appetit naturel; et par deffus tout cela les efprits font les organes generaux qui feruent
à tous les trois. Car ils s'agitent dans les
mouuemens que caufe la faculté naturelle auffi bien que dans les Paffions qui fe forment dans les plus hautes parties de l'Ame.
et mefme comme les plus agiffans d'entr'eux
appartiennent à la faculté vitale qui a fon
fiege dans le Cœur & qui eft au rang des
facultez naturelles, ils fuiuent pluftoft les
ordres de l'appetit naturel que ceux des
deux autres, comme nous auons dit en la
troifiéme partie de ce Difcours.

Il n'y a donc aucun mouuement vital
qui ne fe faffe par quelqu'vn de ces appetits & par les organes qui leur font propres:

Car non seulement tous les mouuemens
volontaires & ceux qui seruent aux actions
ordinaires de la vie se font par eux ; mais
encore toutes les agitations violentes &
extraordinaires comme celles qui se font
dans les Passions & dans les maladies. Ouy
sans doute, c'est l'appetit naturel qui fait
les crises, les contractions inuolontaires
des membres, les transports & les euacua-
tions des humeurs, & cent autres symptomes qui se font auec violence : puisque
toute la Médecine est d'accord que ce sont
des effets de la nature irritée, c'est à dire
de l'appetit naturel qui est la seule partie
de l'Ame vegetatiue qui peut s'irriter, se
mouuoir & faire mouuoir les parties qui
sont de son ressort.

Il faudroit encore parler icy du lieu où *Quel est le*
resident tous ces Appetits ; mais il suffit de *siege de*
dire que leur principale demeure est dans *l'appetit.*
le cœur, parce que c'est le centre de tout
le corps & comme la metropole & le siege
de l'empire où les ordres & les commandemens qui regardent la conseruation de

S f iij

tout l'eſtat ſe doiuent donner. Cela n'empeſche pas pourtant que l'Appetit naturel
ne ſoit reſpandu par tous les membres, &
l'on peut aſſeurer qu'il y en a vn qui eſt
general & comme le ſurintendant des autres, & que chaque partie en a vn qui luy
eſt propre, dautant qu'il n'y en a pas vne
qui ne connoiſſe ce qui luy eſt bon & mauuais, & qui ne ſe meuue conformement à
ſon inclination ſans attendre le ſecours des
autres.

Car il faut remarquer qu'il y a des
parties qui gouuernent & qui en ont d'autres ſous leur iuridiction, comme le cerueau a les nerfs, le poulmon a ſes vaiſſeaux, le muſcle a ſes tendons & ſes fibres,
& ainſi du reſte; ET ſelon qu'elles ont vne
plus grande ou plus petite eſtenduë, l'Appetit a auſſi vn plus grand ou plus petit
reſſort. Quant aux parties qui ſont ſimple-
ment gouuernées, ce ſont les particules
qui entrent en la compoſition des autres.
Selon cét ordre la faculté naturelle qui eſt
dans les parties gouuernées a ſoin de les
conſeruer ſans attendre le ſecours de celles

qui les gouuernent, comme nous auons
dit. Mais cela n'empesche pas que celles-cy
ne leur inspirent tousiours quelque portion de leur vertu, & qu'elles ne les secou-
rent puissamment, s'il leur arriue quelque
desordre considerable. C'est ainsi que l'Appetit naturel qui est dans l'endroit du poulmon qui est vlceré, trauaille de soy-mesme
à le guerir; mais tout le poulmon se soule-
ue pour ayder à la partie malade & excite
la toux pour chasser le mal. C'est ainsi que
chaque membre resserre ses fibres pour
chasser ce qui incommode la moindre de
ses parties.

De là il faut conclurre qu'il n'y a pas
d'apparence que le cœur, qui est le roy de
tout le corps, qui entretient la chaleur naturelle & qui produit à tous momens des
esprits pour les luy distribuer: que le cœur
dis-ie, n'ait pas la mesme preuoyance pour
tous les mēbres qui sont sous sa direction, &
que dans les desordres qui leur suruiennent
il n'employe pas pour les dissiper, cette
chaleur & ces esprits qui sont ses principaux ministres. Ne les enuoye t-il pas en

diuers endroits pour des chofes de moindre importance, comme à l'eftomach pour
faire la digeftion, au cerueau pour mediter?
Ne les retire t-il pas dans les entrailles pendant l'hyuer & durant le fommeil, comme
il les refpand au dehors en efté & dans la
veille. Quoy! il les irrite dans la Hardieffe
& dans la Colere pour vn mal qui n'eft
fouuent que dans l'opinion & qui ne le regarde point; & il les laiffera en repos à la
prefence d'vn mal qui corrompt effectiuement la conftitution naturelle du corps,
dont il eft le Prince & le Protecteur. Non
non, quand il y a quelque defordre tant
foit peu confiderable en quelque partie, il
y enuoye des efprits du fang & des humeurs, comme nous auons dit. Et fi cela
ne fuffit pas, il ramaffe fes forces, il retire
à foy la chaleur & les efprits qui eftoient
refpandus d'vn cofté & d'autre, il les augmente mefme par les efforts qu'il fait; et
apres s'eftre ainfi fortifié, il les fait marcher contre l'ennemy. Mais on peut dire
que tout le corps leur fert de champ de
bataille : Car quoy que ce fecours foit

deftiné

deftiné pour la partie malade & que l'action
des efprits & de la chaleur naturelle y foient
plus forte & plus apparente qu'aux autres:
Neantmoins il eft impoffible que l'ardeur
que le cœur s'eft donnée ne fe communique à tout le corps par les arteres qui y font
refpanduës, & qu'elle ne bleffe les actions
de tous les membres en alterant la tempe-
rature qu'ils auoient. Et c'eft ce que nous
appellons la Fievre, qui comme il eft aifé
de voir par ces raifons, eft vn feu qui eft
allumé par la Nature mefme pour chaffer
ou pour confumer les maux qui furuiennent au corps.

Mais il faut appuyer cecy d'experiences
& d'obferuations qui leuent le refte des
doutes & des preiugez qu'on pourroit a-
uoir fur cette doctrine.

I. *Obfer-*
uation.

Celle que l'on peut faire tous les iours
fur les tumeurs qui arriuent aux parties
exterieures eft toute feule capable de per-
fuader cette verité. Car quelque amas d'humeurs qui s'y foit fait, quelque mauuaife
qualité qu'elles ayent, quelque communi-

Tt

cation qu'elles puiſſent auoir auec le cœur
par le moyen des vaiſſeaux , elles ne cauſent la Fievre que lors que la tumeur ſe
meurit & que le pus s'y fait ; & quand
l'ouurage eſt acheué , la Fieure ceſſe auec
la violence de la Douleur. Ce qui fait bien
voir que c'eſt la Nature à qui ſeule appartient de cuire & de rectifier les humeurs,
qui a excité la tempeſte par les eſprits qui
ſont accourus à la partie, & qui la fait
ceſſer en les renuoyant à leur ſource. En
effet, on ne ſçauroit douter que les eſprits
ne ſe meſlent auec les humeurs qui ſe cui-
ſent, puiſque ſi l'on ouure les tumeurs auant
qu'elles ſoient meures, la coction en eſt re-
tardée & empeſchée ; et que ſi l'on fait ſortir tout d'vn coup la matiere des grandes
tumeurs, on tombe en deffaillance, ce qui
ne peut arriuer que par la ſortie & par la
diſſipation des eſprits. Or ſi la Nature agit
ſur les humeurs qui ſont enfermées au dedans des veines , comme elle fait ſur celles
qui ſont aux parties exterieures , ſelon le
ſentiment de Galien & de tous les Medecins, ne faudra-t-il pas confeſſer que puiſ-

qu’elle ne cauſe la Fievre que lors qu’elle
entreprend la coction de celles-cy , & que
cette Fievre eſt vn pur effet de l’agitation
qu’elle ſe donne , c’eſt vne neceſſité que toutes les Fievres où les humeurs ſont alterées
ou corrompuës ſoient excitées par la Nature meſme. On a beau dire que l’humeur
qui ſe cuit eſt pourrie , & que les vapeurs
qu’ell’enuoye au cœur y cauſent la Fievre.
Car outre ce que nous auons dit cy-deuant
il n’y a pas d’apparence qu’vne ſi petite portion d’humeur, quelque vice qu’elle puiſſe
auoir dans vne apoſtume qui ſera par exemple au pied, puiſſe fournir aſſez de vapeurs
pour allumer le feu dans le cœur qui en
eſt ſi eſloigné. Et qui pourroit croire que
dans les playes de teſte, où ſouuent il y a
ſi peu d’humeur corrompuë & où l’on peut
dire que quelquefois il n’y en a point du
tout, la Fievre vienne de la Pourriture ; &
que les criſes qui y ſont ſi regulieres y ameinent la Fievre par le moyen de la putrefaction.

A propos des Criſes , qui voudra conſi- 2. obſer.

Tt ij

derer qu'elles font prefque toufiours accompagnées de la Fievre , & que ce font des
mouuemens de la Nature qui comme difent tous les Medecins s'efleue contre le
mal pour le combattre & pour le chaffer;
fera contraint d'aduoüer non feulement
que cette Fievre-là eft vn mouuement &
vn moyen dont la Nature fe fert pour arriuer à cette fin : mais encore que tout autre
accez de Fievre ne peut venir d'ailleurs &
ne fe fait point autrement. Car tout y eft
femblable , le friffon les commence également , l'ardeur qui vient apres pour l'ordinaire ne paffe point vingt & quatre heures,
& puis l'euacuation fe fait en fuite dans l'v-
ne & dans l'autre. Mais ie dis bien dauantage, comme les Crifes ne fe font pas toûjours parfaitement & que la Nature reuient
fouuent aux prifes contre le refte du mal
en gardant l'ordre de certains iours qui
font affectez à cela : la mefme chofe fe fait
dans les Fievres intermittentes. De forte
que le choix des iours critiques dependant abfolument de la Nature, il faut que
ce foit elle auffi qui choififfe ceux où les ac-

cez des Fievres ont accouftumé de fe faire
& par confequent que ce foit elle qui caufe
tout le trouble & l'agitation qui s'y fait.
En pourroit-on douter, puifque c'eft elle
qui fait auancer les crifes & les accez lors
qu'ell'eft irritée par la quantité ou par l'a-
crimonie des humeurs ? Car fi cette antici-
pation vient d'elle, il faut que ce foit elle
auffi qui attaque, qui agite & qui caufe enfin tout l'orage.

Mais il ne faut que confiderer le Trem- *3. Obferu.*
blement qui deuance les accez ; car on ne
peut douter que ce ne foit le commencement de la fiévre , pufqu'il fait partie des
mouuemens critiques. Cependant c'eft vne
chofe certaine que c'eft la faculté naturelle qui fecouë les fibres des parties de la
mefme façon qu'elle fecouë les nerfs dans
la conuulfion pour chaffer ce qui l'incommode : ET la plufpart des Medecins ne font
pas de difficulté de mettre ce Tremblement
au rang des mouuemens conuulfifs : DE forte qu'on peut conclurre de là que du moins
c'eft la Nature qui commence la Fievre.

T t iij

On dit à la verité que c'eſt l'humeur pourrie qui ſe meut, & qu'en paſſant à tra-uers des parties ſenſibles, elle les picque & les irrite, d'où vient le Tremblement, & qu'ainſi le mouuement de cette humeur eſt le veritable commencement de l'accez & non pas la Nature. Qu'en effet le pouls pa-roiſt alors dur, petit & reſſerré, auant meſ-me que le tremblement arriue; ET que cette ſorte de pouls ne peut venir que de l'op-preſſion que la vapeur de l'humeur agitée cauſe dans le cœur.

Mais ſans examiner cette opinion qui re-çoit mille difficultez, il eſt bien plus vray-ſemblable que cette ſorte de pouls procede de la contraction du cœur & des arteres, & que ce qui ſe fait dans les parties exte-rieures où les fibres du cuir ſe reſſerrent dans le friſſon, commence dans le cœur & dans les vaiſſeaux qui en dependent.

Et c'eſt en cela qu'il faut admirer l'art & la preuoyance de la Nature, qui meſnage ſes efforts auec ordre & ſelon la grandeur du mal qu'ell'a à combattre. Car auant que d'enuoyer contre luy les eſprits qui ſont ſes principales forces, elle retire au centre du corps ceux qui ſont aux parties exterieures pour ſe fortifier, d'où vient le froid que l'on y ſent ; ET en meſme temps elle reſſerre pour le meſme deſſein les fibres du cœur & des arteres, ce qui rend le pouls dur, petit & reſſerré. Puis apres elle fait la meſme choſe dans les autres viſceres où d'ordinaire le mal eſt caché, & par la contraction qu'elle fait faire à leurs fibres, les humeurs qui y ſeiournent ſont preſſées & contraintes de ſortir & de ſe reſpandre dans les cauitez voiſines, d'où viennent les baaillemens, la ſoif, les vomiſſemens & les flux de ventre & d'vrine. Et comme elle voit que cela ne ſuffit pas pour chaſſer l'ennemy, elle ſecouë les fibres de la peau & y cauſe ce mouuement que les Medecins appellent Horreur; Enfin elle ſecoüe les fibres des muſcles, d'où vient le Tremblement de tous les membres. Apres quoy elle irrite la chaleur naturelle & ſoûleue tous les eſprits comme ſes dernieres & principales troupes qui doiuent acheuer le combat & remporter la victoire ; ET c'eſt

ce qui fait l'ardeur que l'on sent par tout
le corps, & qui s'appelle communement
la Fievre.

Ce n'est pas que la Nature employe tous
ces efforts contre toute sorte d'ennemis, il
y a des Fievres qui commencent d'abord
par la chaleur comme les ephemeres ; il y
en a où l'on ne sent que le froid , comme
les quotidiennes & les derniers accez des
autres Fievres ; il y en a aussi où le tremblement se fait , comme aux tierces où il
est plus violent, & aux quartes où il est plus
long : il y a mesmes des frissons & des trem-
blemens qui ne sont suiuis d'aucune chaleur
comme en quelques indigestions & quand
le froid saisit le corps. Et toute cette va-
rieté vient de la connoissance qu'a la Nature de la foiblesse ou de la force du mal,
& de la facilité ou difficulté qu'elle croit
auoir à le chasser, comme il est aisé à iuger.

Or ce qui doit persuader que tous ces
mouuemens se font par la Nature, c'est
qu'elle les fait toute seule en d'autres rencontres de la mesme maniere & pour la
fin que dans les Fievres. Car dans la Tristesse

steſſe le pouls eſt dur, petit & reſſerré par
la contraction qu'elle cauſe dans le cœur
& dans les arteres, comme nous auons dit.
Cela paroiſt encore dauantage dans la
Peur, qui outre cela cauſe des flux de ventre & d'vrine, & fait trembler tout le corps
parce qu'elle fait reſſerrer les fibres des viſceres & des muſcles, comme nous monſtrerons plus amplement au Chapitre de
cette Paſſion. En tout cas, il n'y a point
là d'humeur qui puiſſe eſtre accuſée de picquer les parties ſenſibles, & tous ces accidens ne ſont que les mouuemens que l'Ame
ſçait qu'il faut faire pour ſe fortifier & pour
s'oppoſer aux maux dont ell'eſt menacée.
Mais ce lieu ne permet pas que nous nous
eſtendions dauantage ſur ce ſuiet, c'eſt aſſez
d'en auoir marqué le principe auec lequel
on peut reſoudre plus facilement & plus
raiſonnablement toutes les difficultez, que
par les opinions communes. Reprenons le
fil de noſtre premier diſcours.

Nous pourrions adiouſter aux raiſons
precedentes, que les Fievres ſont plus gran-
4. Obſer.

V u

des quand les humeurs font digerées &
preftes à fortir, comme elles font dans la
vigueur des maladies;et que leur vehemence eft proportionnée à la force de la chaleur
naturelle & à l'abondance des efprits, d'où
vient qu'elles font plus violentes & plus
frequentes dans les ieunes-gens que dans les
vieillards, & dans les hommes que dans les
autres animaux qui n'ont ny tant de fang
ny tant d'efprits qu'eux. Car quoy qu'on
puiffe tirer de là vne preuue certaine que la
Fievre fe fait par la Nature, nous ne voulons pas nous en feruir, & nous nous con-
tentons d'en adioufter aux precedentes vne
feule qui nous femble demonftratiue de cette verité.

C'eft qu'il y a des maladies tres-dange-
reufes, où la Fievre ceffe tout à coup fans
tirer le malade du peril où il eft ; car il demeure quelques iours en cét eftat, & tres-
rarement euite-t-il la mort apres cela. Or
il eft indubitable que cette ceffation vient
de ce que la Nature ne fait plus d'éffort
contre le mal & eft contrainte d'abandon-

ner le combat qu'ell'auoit commencé. De
sorte que si la Fievre paroît quand elle l'attaque, & qu'elle cesse quand elle cesse de
l'attaquer, il y a necessité de croire que la
Fievre n'est autre chose que l'effort & l'a-
gitation que la Nature se donne pour chasser les maux. Mais ce n'est pas dans ces
seules rencontres, où elle quitte ainsi le
combat, il y en a cent autres où elle fait la
mesme chose, quoy que ce ne soit pas toûjours auec le mesme peril. Combien y a
t-il de crises qu'elle tente, qu'elle commence & qu'elle ne termine point ? Combien
y a t-il de playes qu'elle abandonne sans y
enuoyer plus d'esprits ny d'humeurs & qui
pour ce suiet perdent la couleur, la tumeur
& la Douleur qu'elles auoient ?

Enfin ce qui acheue de me persuader 6. *Obser.*
pleinement cette opinion, c'est la facilité
qu'elle donne à trouuer la raison des Fievres
Intermittentes, que l'on met au rang des
choses les plus cachées qui soient dans l'v-
niuers. Car supposé que la Nature se soûleue & s'agite pour attaquer le mal, il est

certain que si elle ne le peut vaincre dans
vn seul assaut, & qu'il ne soit pas si pressant
qu'il là doiue tenir continuellement soubs
les armes, en vn mot qu'il luy donne temps
pour respirer, elle retourne à la charge a-
pres s'estre reposée ; de la mesme façon
qu'elle fait dans les Crises qu'elle reitere
souuent trois ou quatre fois dans vne mesme
maladie, quand les premieres n'ont pas épui-
sé entierement la cause du mal. Elle fait
donc la mesme chose dans les Fievres,
n'ayant peu chasser le mal aux premiers
accez, ell'en excite d'autres & meslant toûjours le repos au trauail, elle continuë iusques à ce que le mal soit tout à fait dissipé.
De sorte que selon qu'il est plus ou moins
difficile à surmonter, elle fait aussi plus ou
moins d'attaques ; c'est pourquoy les Fievres
bilieuses se terminent en moins d'accez que
les pituiteuses & les melancholiques, parce
que la bile se digere plus facilement que la
pituite ou la melancholie.

Or il faut remarquer que les humeurs
qui excitent les Fievres intermittentes ne
sont pas dans les grands vaisseaux, & par

confequent n'eſtant pas en vn lieu ſi important ny qui faſſe craindre vn ſi grand peril, elles ne preſſent pas tant la Nature qui a temps de ſe repoſer apres les auoir aſſaillies. Car on ne peut pas douter qu'elle ne ſe laſſe dans les efforts qu'elle fait, & qu'apres elle ne cherche le repos pour reparer ſes forces. Pour l'ordinaire elle ne peut ſouffrir plus d'vn iour la peine d'vn grand trauail, & apres ce temps-là ell'eſt contrainte de ſe repoſer; c'eſt pourquoy les criſes, les redoublemens & les accez des Fievres ſe terminent ordinairement en vingt & quatre heures. Mais le repos qu'elle prend apres cela, eſt plus long ou plus court, ſelon qu'elle s'eſt plus ou moins laſſée dans l'attaque qu'ell'a faite. Or elle ſe laſſe plus ou moins, ſelon qu'elle trouue plus ou moins de reſiſtence, ſelon que l'ennemy eſt plus ou moins dangereux.

Car comme la Pituite n'eſt pas ſi eſloignée de la conſtitution du ſang ny des principes de la vie que les autres humeurs, parce qu'ell'eſt humide & que celles-là ſont ſeiches, & qu'elle n'eſt pas ſi agiſſante à

V u iij

cauſe de ſa froideur , elle ne donne pas
tant de ſoin ny de peine à la Nature & ne
l'oblige pas à faire vn ſi grand effort ny à
ſe repoſer ſi long-temps que les autres.
C'eſt pourquoy les accez n'en ſont pas ſi
violens, & apres quelques heures de relaſche, laNature retourne à l'aſſaut , & attaque ainſi tous les iours.

Mais la Bile qui eſt ſeiche & aĉtiue &
qui eſt capable d'alterer en peu de temps
les parties, la met plus en peine & luy fait
faire de plus grands efforts pour la combattre. De là vient qu'elle ramaſſe & irrite
dauantage la chaleur & les eſprits, & cauſe vn plus grand friſſon & vn plus violent accez. Apres cela auſſi elle prend dauantage de repos , & veut auoir vn iour
entier pour ſe remettre.

Enfin la Melancholie qui eſt tout à fait
oppoſée à la vie eſtant froide & ſeiche, &
qui eſt par conſequent plus ennemie de la
Nature & plus difficile à vaincre, la laſſe
bien plus que les precedentes , & luy fait
prendre auſſi deux iours entiers pour ſe
delaſſer. Que ſi cette humeur acquiert

quelque qualité maligne qui luy donne
plus de peine, ell'adioufte vn ou plufieurs
iours à fon repos & fait les Fievres quin-
taines & les autres qui reuiennent de fept
en fept & de neuf en neuf iours.

Ie fçay bien que l'opinion commune
rapporte ces differens accez au mouuement
particulier de ces trois humeurs, qui par
vne proprieté fpecifique qu'elles ont, fe
meuuent elles-mefmes en certains iours.
Mais fi cela eftoit, il faudroit contre l'experience, qu'apres la mort du malade, ou
apres eftre feparées de fon corps par quelque moyen que ce fuft, elles euffent encore les mefmes mouuemens, puifqu'elles
font les mefmes qu'elles eftoient auparauant & qu'elles ne peuuent perdre leurs
proprietez fpecifiques. Outre que les Fievres quartes fe changent quelquefois en
tierces, & qu'il faut en ces rencontres ou
que la melancholie fe change en bile, ou
qu'elle acquiere les proprietez fpecifiques
de la bile, ce qui n'eft point vray-fembla-
ble. D'ailleurs c'eft la melancholie qui caufe les Fievres dont les accez reuiennent de

cinq en cinq, de sept en sept ou de neuf en neuf iours, comment a t-elle perdu là sa proprieté specifique? Il est donc plus à propos de reconnoistre la Nature pour cause de tous ces mouuemens, puisqu'ell'a en soy le principe qui la fait mouuoir, & qu'il y a d'autres occasions où elle se meut en certains iours & se repose apres, ainsi qu'elle fait dans les Fievres intermittentes, comme nous dirons ensuite.

Mais il y a vne chose qu'on peut obiecter contre ce que nous auons dit cy-deuant, à sçauoir que les derniers accez viennent toûjours aux mesmes iours que les premiers, quoy que l'humeur soit alors diminuée & moins rebelle. Or il est certain qu'estant en cét estat la Nature ne doit pas auoir tant de peine à l'assaillir, & qu'elle n'a pas aussi besoin de tant de repos qu'au commencement, & par consequent la lassitude qu'elle souffre ne peut estre la cause generale des interualles qui sont entre les accez; ou bien il faudroit contre l'experience, que l'ordre des iours se changeast sur la fin des Fievres.

Cette

Cette difficulté eſt bien plus difficile à reſoudre dans l'opinion commune que dans la noſtre. Car outre que nous pourrions rapporter cét effet à la couſtume que la Nature a priſe dans les premiers accez & qu'elle garde iuſques aux derniers, ainſi qu'elle fait en pluſieurs autres rencontres; il eſt certain que comme toute la connoiſſance qu'a la partie baſſe de l'Ame, qui certainement eſt grande & merueilleuſe, eſt née auec elle & doit eſtre du rang de celle qui vient de l'Inſtinct, elle ſçait par ce principe toutes les choſes qu'elle doit faire, & connoiſt par conſequent les humeurs qui l'incommodent, le temps où elle les doit attaquer & le repos qu'elle doit prendre en ſuite. De ſorte qu'ell'a ſes iours reglez pour chaque eſpece d'humeur; ET la grande ou petite quantité où cette humeur peut eſtre, n'apporte aucun changement à l'ordre des iours qui luy ont eſté preſcrits. Parce que c'eſt vn ordre general qui deuoit auoir ſes meſures certaines & conſtantes, & qui ſe deuoit par conſequent regler ſur l'eſpece de l'humeur qui eſt inuariable, &

X x

non sur la quantité qui est diuerse & chan-
geante. Mais cét ordre a esté fixé à certains
iours sur le plus grand trauail que chaque
espece d'humeur pouuoit causer à la Nature, & sur le plus long repos qu'elle deuoit raisonnablement prendre apres. De
sorte qu'il est tousiours vray que la lassitude
& le repos qu'elle peut auoir, font les caufes des interualles qui font entre les accez.

Cela ne fera pas difficile à croire si on
fe souuient que la mesme chose fe fait dans
les Crises qui font reglées à certains iours
qui font connus de la Nature, & qu'elle
ne peut connoistre que par cette science
infuse qui fe remarque dans l'Instinct. Car
elle ne manque iamais de fe mouuoir en
ces iours-là & de fe repofer en fuite tout
le temps qui est entre deux, fans que la
quantité ou la qualité des humeurs qu'elle
doit chasser apporte aucun changement à
cét ordre-là. Elles peuuent à la verité faire
auancer ou retarder fes mouuemens, mais
c'est tousiours en gardant les mesures qui
luy ont esté prescrites, tout de mesme qu'-

elles font auancer ou reculer les accez fans
changer l'ordre des iours.

Ie fçay bien qu'il y arriue des irregula-
ritez, & que les crifes & les accez fe font
quelquefois en des iours extraordinaires,
comme quand la crife fe fait le fixiéme iour
qui ne fe deuoit faire que le feptiefme;
comme quand les Fievres quartes fe changent en tierces; comme quand les Fievres
bilieufes ont leurs redoublemens en des
iours pairs qui les deuroient auoir regu-
lierement en des iours impairs. Mais toutes
ces obferuations ne deftruifent pas l'ordre
qui a efté prefcrit, elles font voir feulement le dereglement où la Nature tombe
quelquefois par l'eftonnement que fa foibleffe ou la grandeur du mal luy caufent,
en forte qu'elle perd fa conduite ordinaire
& s'abandonne à la violence de l'ennemy.
Car non feulement elle n'obferue plus en
cét eftat les temps qui luy font ordonnez
pour l'affaillir; mais elle ne fe fert pas mefme des moyens & ne prend pas la commo-
dité des lieux qui font neceffaires pour cela:
puifque fouuent elle excite vne euacuation

pour vne autre & qu'elle la fait par des voyes incommodes & dangereuſes ou qui ne reſpondent pas à la ſource du mal. Auſſi ne tombe-t-elle iamais en ces dereglemens, qu'elle ne ſoit en peril, & que les maladies ne ſoient mortelles ou tres-difficiles à guerir.

Apres toutes ces raiſons, nous pouuons aſſeurer que c'eſt la Nature qui allume la Fievre en ramaſſant la chaleur & les eſprits dans le cœur & les enuoyant apres aux parties malades pour aſſaillir & combattre le mal. De ſorte que c'eſt vn ſecours & vn remede qu'elle iuge neceſſaire & qui en effet diſſipe ſouuent la cauſe des maladies. N'importe qu'elle cauſe de grands deſordres dans le corps & qu'elle faſſe ſouuét perdre la vie. Car il n'y a point de grand remede qui ne trauaille celuy qui le prend. La Toux n'eſt elle pas deſtinée de la Nature pour deſcharger les poulmons des humeurs qui s'y ſont amaſſées ? cependant ell'ouure ſouuent les veines & fait ſortir l'Ame auec le ſang. La Criſe qui eſt vn mouuement que la Nature fait pour chaſſer le mal, ne laiſſe pas

quelquefois de tuer le malade ; Enfin les
Hommes meurent de la Fievre , comme
les Enfans meurent de la Verole, nonobftant que ce foit vne euacuation neceffaire
& causée par la Nature. A la verité il le
faut confeffer , c'eft vn Medecin qui fe
trompe dans fes cures auffi bien que les autres : quelquefois elle fe hafte trop dans l'v-
fage de fes remedes, & il feroit fouuent plus
à propos qu'elle laiffaft digerer peu à peu
l'humeur dont elle craint le defordre, que
de la vouloir chaffer de force par la Fievre
ou par quelqu'autre femblable mouuement.
quelquefois auffi elle y eft negligente , &
laiffe paffer l'occafion d'employer ces
moyens qui pourroient diffiper le mal fi
elle s'en feruoit quand il faut & comme il
faut. Car l'apoplexie eft prefque toufiours
incurable faute d'vne Fievre excitée de bonne heure & auec violence ; Il y a mefme
des conuulfions & des coliques qui fe gue-
riroient, comme Hippocrate a remarqué, fi
la Nature fe fouuenoit d'y appliquer ce remede. Enfin elle s'en fert fouuent quand
il n'eft plus temps & lors qu'elle n'a plus

de forces ou que le mal s'eſt rendu indom-
ptable. Mais comme les faultes du Medecin n'empeſchent pas que les regles de
la Medecine ne ſoient certaines, & qu'vn
remede ne laiſſe pas d'eſtre bon de
ſoy pour n'eſtre pas donné à propos ; auſſi
les erreurs que la Nature commet dans l'v-
ſage de la Fievre ne font pas que la ſcience
& le pouuoir qu'ell'a de s'en ſeruir n'ayent
vn fondement raiſonnable, & que ce ne ſoit
de ſoy vn bon remede quoy qu'il ſoit donné à contre-temps.

C'eſt là ce que noſtre deſſein nous pouuoit permettre de dire de la nature de la
Fievre en general.

F I N.

ERRATA.

Page 65.	ligne 13.	aux animaux	liſez	à l'animal
Page 89.	ligne 11.	conourrent	liſez	concourrent
Page 107.	ligne 19.	donnée	liſez	donné
Page 104.	ligne 15.	effacez	des	
Page 137.	ligne 6.	Hardieſſe	liſez	Foibleſſe
Page 150.	ligne 14.	cauſent	liſez	cauſe
Page 177.	ligne 5.	en des	liſez	en de
Page 269.	ligne 18.	Baron	liſez	Bacon
Page 261	ligne 7.	& la diuerſ.	liſez	de la diueſt.

Extraict du Priuilege.

PAR Lettres patentes du Roy, il est permis au Sieur de la Chambre son Medecin ordinaire, de faire imprimer en telle marge & charactere qu'il voudra, *le troisiéme & quatriéme Volume des Characteres des Passions, où il est traité de la Nature & des Effets de la Haine & de la Douleur*, auec deffences à tous Libraires, Imprimeurs & autres, d'imprimer, faire imprimer ny vendre ledit Liure durant le temps & espace de quinze années sans le consentement dudit Sieur de la Chambre sur peine de trois mille liures d'amande, confiscation des Exemplaires, de tous despens dommages & interests, comme il est plus au long contenu esdites Lettres de Priuilege. Donné à Paris le 21. Avril 1659.

www.ingramcontent.com/pod-product-compliance
Lightning Source LLC
LaVergne TN
LVHW021117050726

842519LV00002B/263